KB271792

過失共同正犯의 理論에 관한 研究

過失共同正犯의 理論에 관한 硏究

이보영

KSI 한국학술정보㈜

과실공동정범의 중심은 2인 이상이 일정한 행위를 공동으로 하면서 모두 주의의무에 위반하여 과실범의 구성 요건에 해당하는 결과를 발생시킨 경우에 공동정범으로 처벌할 수 있겠는가의 문제 해결에 있는 것이다.

그러면서도 과실공동정범에 대한 아직까지도 그 성부를 놓고 논의의 대상이 되고 있는 것은 형법 제30조의 공동정범 규정에 대한 학리적 판단과 판례 등이 合一 될 수 없는 이론적 불일치에 있기 때문이다.

따라서 이 책은 형법상의 어떤 문제보다도 형법의 사회보장적 기능과 범죄에 대한 공평한 형벌 적 기능이 조화되고 있지 않는 과실공동정범에 대하여 새로운 해결을 시도해 보고 아울러 현행 형법의 공범 규정 내에서 합리적으로 문제를 해결함에 있는 것이다.

이 작은 책자는 20년 전 저자의 박사학위논문 「과실공동정범의 이론에 관한 연구(목적적 행위론의 재인식을 위하여)」을 출간한 것이다.

이 문제를 다룸에 있어서 과실공동정범의 현황을 긍정론과 부정론으로 나누어 우리나라, 일본, 독일의 제학자들의 견해를 소개하였고, 그 어느 견해도 과실공동정범론을 현행법의 공범 규정에서 합리적으로 해결해 주는 이론이 아님을 알게 되었고, 이에 목적적 행위지배설의 입장에서 과실공동정범을 부정하고 동시범으로 처벌하되 이에 대한 논증의 방범으로서 정범론과 과실론, 그리고 공동정범과 동시범의 고찰을 통하여 연역적 방법을 사용하여 목적적 행위론의 가치를 재인식 시키고자 하였다.

그러나 박사학위 취득후 세월이 많이 지난 지금에 와서는 목적적 행위론을 따르는 학자가 거의 없는 상황에서 이를 근거로 한 이론 전개에 부득불 수정을 가하지 않을 수 없었다.

이에 과실공동정범은 그대로 부정하는 입장을 취하되 기능적 행위지배설의 입장에 서게 되었음을 솔직히 밝히는 바이다. 독자 여러분의 이해를 구합니다.

따라서 이 논문의 본문은 저자의 박사학위논문을 그대로 수정 없이 담았고, 부록으로 한국형사법학회에서 발표한 논문을 그대로 실었다.

박사학위논문은 하나의 형법에 관한 논문 작성 시 참고 문헌의 활용, 이론전개 등에 있어 하나의 연구모델로서 활용할 만한 가치가 있다고 믿는다.

그리고 부록의 학회 발표 논문은 이론의 변화, 시대의 학설의 변화 등을 가늠할 수 있는 좋은 자료가 될 것으로 기대된다.

부족하고 부실한대로 이 책이 앞으로 이 방면의 연구 활동에 작은 토대가 된다면 더 이상 바랄 것이 없겠다.

끝으로 본서의 출간을 위하여 학문적인 지도와 범례를 아끼지 않으신 저의 지도교수이신 손해목 교수님과 항상 인간적인 배려를 아끼지 않으신 강일구 호서대학교 총장님께 머리 숙여 감사드립니다.

아울러 본서가 세상에 나오도록 해주신 한국학술정보(주)의 채종준 사장님께도 감사드립니다.

2007년 9월

著者 識

a. a. O	am angegebenen Ort
AT	Allgemeiner Teil
Bd	Band
BGHst	Entscheidungen des Bundesgerichtshofes in Strafsachen
ff.	fort folgende
Festschr.	Festschrift
Jus	Juristische Schulung
JZ	Juristenzeitung
NJW	Neue Juristische Wochenschrift
RG	Reichsgericht
RGSt	Entscheidungen des Reichsgerichts in Strafsachen
S.	Satz, Seite
SK	Systematischer Kommentar zum Strafgesetzbuch
StGB	Strafgesetzbuch
Vgl.	Vergleiche
ZStW	Zeitschrift für die gesamte strafrechts-Wissenschaft

第1章

序　論

第1節 研究의 目的

　刑法上 犯罪는 크게 故意犯(Vorsatz delikte)과 過失犯(Fahrlässig -keit delikte)으로 양분되고 있음을 알 수 있다. 종래의 刑法理論 (Strafrechtstheorie)은 故意犯을 중심으로 연구되고 立法化되어 있어서, 過失犯은 法律上으로나 實際上으로도 극히 예외적인 犯罪로 등한시되어 왔다 할 것이다. 이와 같이 例外的 部面이었던 過失犯의 문제가 現代 刑法學(Strafrechtswissenschaft)에 있어서 하나의 커다란 論點으로 크로즈·업되어 이제는 過失犯의 독자적인 犯罪論 構成에로까지 발전되고 있는데[1] 이것은 現實的인 面과 理論的인 面에서 그 이유를 찾을 수 있다.

　첫째, 근래에 있어서 技術文明의 급속한 발전으로 인하여 社會生活이 편리해진 바면에, 그만큼 生命·身體 등에 대한 危險이 증대하였고 특히 交通事故의 증가가 더욱 그렇다. 이에 따라 過失犯의 수가 근래에 와서 격증함에 따라[2] 종래에 第2次的 意義밖에 인정받지 못

---

1) 西獨 刑法學에서도 過失犯을 독자적으로 理論構成하려는 경향이 있다. 예컨대 그 嚆示로서는 H. Welzel, Das Deutsche Strafrecht, ll. Aufl. Berlin, Walter de Gruyter, 1969. S.127~128; J. Wessels, strafrecht, Allgemeiner Teil, 9. Aufl., Heidelberg C. F. Müller 1979. S.131~140; H. H. Jescheck, Lehrbuch des strafrechts, Allgemeiner Teil, 3. Aufl., Berlin, Dunker & Humblot, 1978. S.454-485 등을 들 수 있다.
2) 벳셀스에 의하면 1900年부터 1979年까지에 過失致死의 有罪判決을 받

하였던 過失犯의 問題가 현실적으로도 중요한 의미를 가지게 되었다. 둘째로는 目的的 行爲論(finale Handlungslehre)[3]의 등장을 들 수 있다. 원래 이 立場은 因果的 行爲論(Kausale Handlungslehre)[4]의 不當性을 批判하고 등장한 理論으로서 目的的 行爲槪念(finaler handlung-sbegriff)을 바탕삼아서 理論을 전개해 나갔으며, 특히 違法性의 本質을 結果의 無價値(Erfolgsunwert)와 동시에 行爲의 無價値(Handlung-sunwert)로 봄에 따라 過失을 構成要件要素 내지 違法性要素로 파악하여 犯罪論體係(Verbrechenssystem)의 再編成을 꾀하려는 理論이다.

여하튼 過失犯은 故意犯과는 달리 非破廉恥犯으로서 犯爲者의 不注意로 인하여 발생되는 까닭에 社會人은 복잡한 생활 중에서 자칫 犯하기 쉬운 可能的危險性을 누구나 갖게 되는데 일반 통상인의 法益保護를 위하여 좀더 철저한 理論的 硏究 내지 立法이 요구된다 하겠다.

이러한 過失的 結果는 一個人의 不注意로 인하여 발생하는 수도 있겠으나 자세히 검토해보면 의외로 다수인의 過失이 競合되어 있는 경우가 많다. 그런데도 불구하고 故意犯에 관하여는 共同正犯, 敎唆犯, 幇助犯, 間接正犯 등으로 다수인에 의한 犯罪에 관하여 거의 충분하다 싶을 정도로 理論과 立法措置가 講究되어 있으나, 過

은 者는 약 10배가 되었고, 過失致傷의 경우는 20배가 넘는다고 한다. (J. Wessels, Strafrecht. A. T. 14. Aufl., Heidelberg; C. F. Müller, 1984. S.130.).

3) 目的的 行爲論에 관한 중요한 文獻으로는 H.welzel, Das deutsche strafrecht, 11.Aufl., 1969.; R. Maurach, Das deutsche Strafrecht, A. T., 4.Aufl., C. F. Müller, 1971; 木村龜二, 刑法總論, 有斐閣, 1968; 福田 平, 目的的 行爲論と 犯罪理論, 有斐閣, 1964; 黃山德, 刑法總論, 邦文社, 1987 등이 있다.

4) Vgl. G. Jakobs, Strafrecht, A. T., Walter de Gruyter, 1983. S.107.

失犯에 관하여는 間接正犯의 可能性이 확실할 뿐 기타의 點에 관하여는 理論的 解決이나 立法的 解決이 모두 不充分한 상태에 있다고 하겠다. 특히 過失共同正犯의 경우가 더욱 그러하며 現行刑法規定으로는 이에 관하여 명확히 알 수 없는바, 예를 든다면, 數人의 工事人夫가 共同作業 중 不注意하여 건물 위로부터 資材를 떨어뜨렸기 때문에 通行人이 死亡했을 때 共同正犯者로서의 責任을 인정할 수 있는가에 관한 해답을 찾는 것이다.5) 만일 過失共同正犯을 인정한다면 過失犯이 處罰되는 경우에 한하여 原因行爲가 判明되지 않더라도 共犯者 모두에 대하여 그 전체에 대한 責任을 물을 수 있는데 반하여, 過失共同正犯을 부정한다면 단순히 同時犯이 될 뿐이므로 각자의 行爲에 따라서 過失犯 또는 故意犯으로 處罰하면 족할 것이고, 結果發生의 원인된 行爲가 판명되지 아니할 때에는 過失行爲에 한하여는 벌하지 아니하며(過失未遂는 不罰이기 때문에) 過失傷害行爲는 모두 過失傷害罪로 處罰되는 것과 같이 過失共同正犯을 否定하는가 아니면 肯定하는가에 따라 結論에 큰 차이가 있다. 바로 여기에 過失共同正犯을 論하는 實益이 있다고 하겠다.

한편 過失共同正犯에 관하여 日本의 判例에서도 처음에는 부정하는 입장6)을 취하고 있다가, 그 후에 이른바 "메타놀事件"7)에서는 이를 인정하였고, 우리나라에서도 초기에는 부정하는 입장8)을 취기

---

5) v. Liszt, Lehrbuch des Deutschen Strafrachts, 22 Aufl., 1919. S.212.
6) 日本大判, 明治 44. 3. 16, 同旨大正 3. 12. 24.
7) 日本最高裁判所, 昭和 28. 1. 23. 이는 有毒飮食物等 取締令違反事件을 계기로 처음으로 過失의 共同正犯을 인정한 判例이다.
8) 1922. 5. 22. 朝高判 刑集 9券 55面.
   특히 1956年 12月 21日 「業務上失火·業務上過失致死傷被告事件」에 관한 刑事部判決에서 선박의 火災로 因하여 사람이 死傷된 경우에 燈火團束의 직접 책임자 외에 선장이 起訴된 事案에 관하여 선장에 대해서 判示하기를 「過失에 있어서는 意思連絡의 觀念을 논할 수 없으

그 후 태도를 바꾸어 1962年 3月 28日,[9] 1979年 8月 21日[10] 判決에서 그를 인정하는 判例를 낸 후 비로소 過失共同正犯의 문제는 새로운 論議의 대상이 되고 있는 실정이다.

현재까지의 過失의 共同正犯에 관하여는 肯定하는 견해를 취하든지 否定하는 견해를 취하든지 간에 이 문제에 관한 理論構成을 보면 대체로 두 가지 潮流[11]로 분류할 수 있다. 그 첫째는 共同正犯의 본질에 관한 이론인 犯罪共同說 또는 行爲共同說을 기초로 하여 過失의 共同正犯의 成否問題를 해결하려는 입장이고, 그 둘째는 過失犯의 본질을 깊이 파헤쳐 이에 따라 問題를 해결하려는 입장인데, 물론 前者의 입장도 過失犯의 본질을 도외시하려는 것은 아니고, 後者 또한 共同正犯의 본질을 도외시하려는 것이 아니며, 이는 단지 대체적인 추세를 나타내는 것이다.

그러나 共同理論은 「비르크마이어」(Birkmeyer)가 말했듯이 迷宮(Labyrinth)이고 그래서 혼란은 부득이 하다고 한다면 그만이지만, 부언할 필요도 없이 法學을 研究하는 者의 능력이란 어떠한 事件에 대하여 그중에 介在되어 있는 문제점을 정확히 파악한 후 이에 대한 정당한 해결책을 마련하는 두 가지의 능력을 말하는바, 그중에서도 가장 중요한 것은 前者인 문제점을 바로 찾는 작업이다. 왜냐하면 여러 논점에 대한 해결방법은 어디까지나 상대적인 것에 불과하기 때문이다. 이 점이 法學과 自然科學이 다른 점이요, 이 점을 간과하게 되면 극단적으로 「괴테」(Goethe)가 法學을 가리켜 「이성

므로 故意犯과 같이 共同正犯이 있을 수 없고 過失犯에 敎唆·幇助도 있을 수 없다」하고 否定하는 立場을 처음 밝혔다.

9) 大判 1962. 3. 29.(4294 刑上 598號).

10) 大判 1979. 8. 21.(79도 1249號) 大判 1982. 6. 8(82도 781).

11) 다만 최근에는 犯罪共同說의 입장에서도 過失共同正犯을 肯定하는 견해(福田平, 刑法總論, 1976. 201面 以下.)도 있다.

을 난센스로, 선행을 재난으로」(Vernunft wird Unsinn, Wohltat plage)12) 만들어 버리는 것이라고 조롱해 버리게 된 것과 맥락을 같이 하게 된다.

독일속담에 「바로 문제점을 찾으면 절반의 해답은 벌써 되어 있다」(Eine richtige Fragestellung ist die halbe Antwort)라고 말하고 있는 것처럼 문제점을 바로 찾으면 절반 이상의 해답을 찾은 것이라 할 수 있다. 過失共同正犯의 문제도 역시 문제의 소재를 정확하게 찾아내어야 해답을 찾을 수 있다. 이렇게 본다면 過失共同正犯의 문제는 過失犯의 본질과 共同正犯의 본질을 정확히 이해하여야 문제를 해결할 수 있다고 생각한다. 왜냐하면 刑法 第30條는 「2人 以上이 共同하여 罪를 犯할 때」를 共同正犯이라고 규정하고 있는데, 이것만으로는 무엇을 共同으로 하는 경우인지 분명하지 못하고, 이 規定이 故意犯뿐 아니라 過失犯도 포함하는지의 여부가 확실치 않기 때문이다. 바로 過失犯의 共同正犯을 인정할 것인가 아니면 同時犯으로 고찰하면 족할 것인가가 여기서 문제인데, 正犯을 어떻게 보는가에 따라 결론을 달리하게 된다. 결국 過失犯의 共同正犯 問題는 裏面으로 본 正犯論의 고찰에 관한 문제라고 하겠으나, 正犯의 실질을 검토하는 것으로는 논리적 근거가 부족하고 過失犯의 본질파악과 共同正犯의 成立要件과이 관련 속에서 검토하여야 소망스러운 결론이 도출될 수 있다고 보겠다.13)

---

12) 이는 Goethe의 「Faust」속에서 나오는 Mephistopheles와 학생(Schüler) 과의 대화인바, 法學의 學問的 無價値性(Die Wertlosigkeit des Jurisprudenz als Wissenschaft)을 강조한 유명한 시구다.

13) 물론 최근에 過失犯의 본질과 共同正犯의 본질을 동시에 고찰하는 입장에서도 異論이 있으며 過失犯에 있어서도 故意犯과 마찬가지로 構成要件의 단계에서 問題삼아야 한다고 하면서 이에 따라서 過失의 共同正犯은 過失犯의 構成要件에 해당하는 實行行爲의 共同이라는 측면에

18

本 研究는 이러한 점들을 규명함으로써 우리나라에서도 過失共同 正犯의 문제에 관하여 罪刑法定主義(nullum crimen nulla poena sine lege)의 원칙에 부합되는 합리적인 이론을 도출하여 현행 刑法 上 共犯規定範圍 內에서 합리적으로 해결할 수 있는 이론적 근거를 제시함과 동시에 今後의 判例方向에 조금이나마 도움이 되도록 시 도해 봄에 研究의 主目的이 있다.

한편 「벨첼」(H. Welzel)에 의해 주장된 目的的 行爲論(finale Han- dlungslehre)14)은 社會的 行爲論(soziale Handlungslehre)의 등장으로 심한 도전을 받고 있으며 目的的 行爲論에 대한 비판내용은 하나의 定型을 이루고 있는 듯하나15) 이 定型은 너무 성급히 이루어지지는 않았는지 의심스럽다. 물론 目的的 行爲論이 刑法上의 行爲論으로서 완전하게 기능할 수 있다는 주장까지 포함하는 것은 아니나, 社會的 行爲論이 갖는 이론적 문제점(이에 대하여는 人格的行爲論,16) 消極 的行爲論17) 등 새로운 이론에 의한 비판이 일고 있음)에 비하면 目 的的 行爲論의 약점(過失, 不作爲犯등)들은 감수될 수 있다고 보며 目的的 行爲論에 입각한 犯罪論의 構成도 현재 의연히 통용 가능하 므로 目的的 行爲論에 대한 재인식이 절실하게 요청된다 하겠다.

서 過失共同正犯을 인정하는 견해도 있다.(鄭鎭連, "過失의 共同正犯에 관한 研究"(博士學位論文, 成均館大學校 大學院, 1982), 5面 以下.

14) H. Welzel, Das Deutsche Strafrecht ll. Aufl., Berlin, Walter de Gruyter & Co. 1969.

15) Eb. Schmidt, Soziale Handlungslehre, Engish-Festschrift, 1969. S.33

16) C, Roxin, Der Begriff der Handlung in der neuern Diskussion der deutschen Strafrechtsdogmatik; M. Maiwald, Abschied vom Strafre- chtlichen Handlungbegriff? ZStW, Bd. 86. 1974. S.626 f.

17) Vgl. Kahrs, Das Vermeidbarkeitsprinzip und die condicio sir qua-non Formel im Strafrecht, 1968. S.36.; R. D. Herzberg, Die Unterlassung in Strafrecht und das Garantenprinzip, 1972. S.177.

따라서 本 研究는 過失共同正犯의 이론을 研究함에 있어 합리적 근거를 제시해 주는 目的的 行爲論의 가치가 높이 평가하고 이를 재인식시키고자 함에 副次的인 研究目的이 있다.

第2節 研究의 範圍와 方法

過失共同正犯의 問題는 過失共同(fahrlässiges Zusammenwirken)의 경우에 過失行爲者를 어떻게 處罰할 것인가의 문제로서 罪刑法定主義의 原則에 부합되는 이론을 도출하여 現行 刑法上 共犯規定 範圍 內에서 합리적으로 해석할 수 있는 이론적 근거를 제시함에 그 目的을 두고 있다.

이러한 目的을 달성하기 위해서 本 研究에서는 다음과 같은 몇 가지 문제점 검토에 研究의 範圍를 한정하였다.

첫째, 過失犯의 共同正犯의 問題는 正犯의 개념을 어떻게 보는가에 따라 그 결론을 달리하게 된다. 따라서 正犯과 共犯의 구별이론 문제가 검토되어야 한다.

둘째, 過失共同正犯의 문제는 過失에 대한 機能的·構造的 考察을 통해서 올바르게 파악할 수 있다. 따라서 行爲槪念의 기능 및 제 이론에 관한 검토와 目的的 行爲論에 입각한 過失理論, 過失犯의 구조에 관해서 실제적 고찰(신뢰의 원칙, 허용된 危險), 그리고 過失共同의 경우는 不法문제와 관련하여 어떻게 해석할 것인가가 검토되어야 한다.

셋째, 過失共同正犯은 同時犯과의 관련문제를 검토해야 올바르게 파악되는 것이다. 그것은 過失共同正犯이 過失同時犯과 表裏關係에

20

있기 때문이다.

한편 硏究課題의 특수성과 복잡성에 비추어 문제해결을 위한 접근은 올바르게 모색되지 않으면 안 된다. 그럼에도 불구하고 종래의 硏究方法은 方法論的 問題 자체에 무관심하였다고 볼 수 있다. 이 같은 刑法學內에서의 學問方法論的 關心의 결여는 마치 「건강한 사람과 건강한 學問은 자기 자신에 관해 많이 알고 있지 못하다」라고 말한 「라드브루흐」(G. Radbruch)의 말처럼 刑法學이 「건강한 學問」이기 때문인지도 모른다.18)

흔히 法律學方法論(juristishe Methodenlehre)으로 體系의 論理的一貫性(Widersprachslosigkeit), 演繹(Deduktion), 類別化(Klassifikation)를 든다.19) 여기에다 理論의 現實關聯性(Wirklichkeitsbezug)을 가미시킨 방법이야 말로 문제해결을 위한 올바른 접근방법이라 할 수 있다. 本 硏究의 硏究方法도 이 같은 접근방법에 의하였음을 물론이다. 즉, 過失共同正犯에 관한 이론을 일정한 기준에 의하여 유형적으로 소개·비판하고, 韓國 刑法 第30條의 해석과 判例가 나가야 할 방향 또는 내용을 추출·정리·종합함으로써 새로운 모습의 이론창출을 시도하였다.

以上과 같은 연구방법으로 本 硏究를 6個章으로 構成하였다. 第1章에서는 硏究의 目的과 範圍 및 方法을, 第2章에서는 그간에 過失共同正犯의 理論의 展開狀況의 소개와 비판을 통하여 過失共同正犯論의 再構成을 꾀하였고, 第3章에서는 이에 대한 論證의 方法으로써 共犯理論의 근거가 되는 正犯의 개념을 학설소개와 비판을 통해 검토하였다. 한편 第4章에서는 過失犯의 本質을 기능적으로 고찰하

---

18) Radbruch/Zweigert, Einführung in die Rechtswissenschaft, 12. Aufl., 1969. S.253.
19) 金日秀, "本質的犯罪論에 관한 方法論的 一考察", 前揭書, 219面 以下.

기 위해서 行爲개념의 기능과 諸理論, 新·舊 過失論의 展開狀況과 過失의 違法性 그리고 過失共同行爲의 法的 本質을 검토하였으며, 第5章에서는 過失犯의 共同正犯을 否定하는 입장에서 同時犯으로 보는 이유와 그 處罰問題를 本質的으로 검토하기 위해서 同時犯과의 관련문제, 즉 同時犯의 意義와 成立要件, 本質 및 成立範圍 차례로 검토하였고, 第6章에서는 過失共同正犯은 目的的 行爲支配說에 의하여 설명할 때에만 그 합리적인 설명이 가능하다는 결론 아래 目的的 行爲支配가 없는 過失犯의 세계에서는 正犯의 개념이란 상상할 수 없고, 共同正犯이 성립하려면 正犯으로서 目的的 行爲支配가 있어야 하며 共同正犯의 객관적·주관적요소를 전부 갖추어야 하므로 共同正犯은 있을 수 없으며 同時犯으로 處罰하면 족하다는 결론을 얻게 되었으며 아울러 過失共同正犯과 관련하여 正犯문제에 관한 立法方向을 제시하여 보았다.

第2章

過失共同正犯論의 現況과 問題點 檢討

第1節 問題의 所在

過失共同正犯이 성립될 수 있는가에 관하여는 학설상 긍정하는 입장과 부정하는 입장으로 나누어져 있는데, 그 대립의 요인은 刑法 第30條의 해석에 전적으로 위임되어 있기 때문이다.

判例는 처음에는 부정적 입장에 있었으나 최근에 와서 긍정적 입장을 취하고 있다. 過失犯의 共同正犯을 긍정하는 大法院 判例가 있는데 이를 보면 다음과 같다. 「운전사와 荷主가 트럭에 장작을 가득 싣고 밤 11시경에 검문소에 이르러 정차를 하던 중 옆에 앉아 있던 荷主가 〈그대로 가자!〉고 하기에 운전수는 급속력을 내어 다시 달렸다. 이 事件은 第2審에서 荷主에게 無罪가 선고되었으나 大法院에서 有罪로 되었다. 이 判決의 要旨를 보면 「刑法 第30條에 "共同하여 罪를 犯한 때"의 "罪"는 故意犯이고 過失犯이고를 不問한다…… 共同의 意思는 故意를 共犯으로 가질 意思임을 필요치 않고 過失行爲이고 간에 그 行爲를 共同으로 할 意思이면 족하다…… 2人 이상의 어떠한 過失行爲를 서로의 意思連絡 아래하에 犯罪되는 결과를 발생케 한 것이라면 여기에 "過失犯의 共同正犯"이 성립되는 것이다」라고 하였다.[1]

---

1) 大判 1962. 3. 29(4294刑上 598號) 同旨 大判 1979. 8. 21(79도 1249), 大判 1982. 6. 8(82도 781).

그러나 同判決은 왜 "共同의 意思에는 故意를 共同으로 가질 意思는 필요하지 않고 그 行爲를 共同으로 할 意思이면 족하다"고 하는가. 그 이유 설명이 부족하다.

다만 刑法 第30條의 共同正犯의 規定에 "共同하여 罪를 犯한 때"라고 한 "罪"가 故意犯과 過失犯을 불문하는 까닭이라고 하고 있으나 그렇게 이해하는 이유 설명이 있어야 할 것이다.

그래서 다시 法律的 見地에서 過失犯의 共同正犯이 성립할 수 있는가 하는 것이 문제가 되는 것이다.

다음 事實內容을 보면 被告人은 甲은 GMC를 운전하고 가는 중 A警察의 檢問을 당하자 만약 檢問에 응하지 않고 同所를 그대로 통과한다면 당시 車가 서행하고 있으니만큼 同警官은 同車에 뛰어오를 것이고 속력을 가하면 同警官이 同車에서 추락하여 事故가 발생할 것이라는 점을 충분히 인식할 수 있는 것이므로 A가 뛰어 오르지 않았나 확인하여 통행하였어야 할 것을 不注意하게도 하등 그러한 措置를 하지 않고 단순히 檢問을 피할 목적으로 乙은 '그대로 가자'고 하였고 그러므로 甲은 고속으로 달림으로 인해 A가 추락하여 사망케 된 것인데 兩被告人은 意思의 連絡 아래 가속도로 車를 운전하였다고 할 수 있고, 여기에서 문제는 兩被告人이 共同으로 행한 "高速度運轉行爲"는 A가 同車에 뛰어올랐다는 것을 인식한 故意行爲는 아니고 그것을 不注意로 인식치 못한 過失行爲였지만 그러한 過失行爲에 관한 의사의 연락이 있었으면 과연 이것에 의하여 共同正犯이 성립할 수 있는가 하는 것이 문제점이 되는 것이다.

이와 같은 문제점을 자세히 검토해보면 過失犯의 共同正犯에 관하여 이론상의 대립이 있음을 미루어 짐작할 수 있다. 최근까지도 이 문제에 대한 학설은 부정하는 견해가 단연 우세하였으나 독일

이태리 등에서 刑法上 明文化하여 긍정하는 태도를 보이고 國內外 判例가 긍정적 입장을 취하자 바야흐로 學說上 贊反의 대립은 고조되어 금일에 이르러서도 아직 一義的 해결을 보지 못하고 있는 형편이다.

이하 過失共同正犯의 理論에 관한 學說을 否定하는 입장과 肯定하는 입장으로 나누어 각 학자들이 주장한 견해를 유형적으로 묶어서 諸學說이 주장하는 바를 밀도 있게 고찰하고 共同正犯을 찾아 이를 비판하며, 아울러 종래의 이론에 대한 自己批判的 意味에서 正犯論과 過失論, 그리고 同時犯 고찰의 방법을 통하여 過失共同正犯論을 再構成하고자 한다.

특히 過失共同正犯論을 目的的 行爲支配說의 입장에서 再構成하려는 태도는 法學에 대한 批判的 自己省察(Kritische Selbstbesinnung)의 태도[2]이자 문제해결의 열쇠라 아니할 수 없다.

第2節 過失共同正犯 肯定論

過失共同正犯을 肯定하는 입장은 少數說에 불과하며 그 근거로는 主觀的共犯論, 擴張的 正犯論, 共同行爲主體說, 行爲共同說, 機能的 行爲支配說 등이 있다.

---

2) 法學에 대한 批判的 自己省察(Kritische Selbst besinnung)의 태도는 新 Kant학파의 代表的 學者이사 正法(Rechtiges Recht)論을 주장한 「스타믈러」(Rudolf Stammler, 1856~1938)의 純粹形式의 考察에서 비롯되었다.(R. Stammler, Lehrbuch der Rechtsphilosophie, 2. Aufl. 1923. S.296)

Ⅰ. 主觀犯共犯論

因果關係論에 있어서의 條件說을 근거로 正犯과 共犯을 구별하는 主觀的共犯論(Subjektive Teilnahme Theorie)을 적극적으로 주장하는 자로 독일의 「부리」(Buri)와 「빈딩」(K. Binding)이 있다.

먼저 「부리」(Buri)는 主觀的共犯論의 주창자로서 因果關係論에 있어서 條件說을 택하고 이것에 基하여 共犯論을 설명한다. 즉 「어떠한 방법에 의하여 共同으로 작용한 각각의 有形的 혹은 無形的인 힘은 전결과를 야기한다. 따라서 의욕된 결과에 대한 이와 같은 힘을 부여한 者는 다른 사람과 共同으로 작용한 힘이 그의 意思와 일치되었다고 하는 전제하에서 당해 결과의 전범위에 責任을 부담하지 않으면 안 된다. 왜냐하면 단순한 事實의 連鎖로서의 因果經過는 意思狀態에 의존되어 있는 결과에 대한 答責性과 구별될 것이 아니기 때문에, 단순한 共同作用의 완전한 原因性은 결과에 대하여 완전히 意味를 갖는다고 생각되며 각개개의 共同作用과 一切의 그 나머지 共同作用과의 사이에는 因果性의 상호적인 授受가 이루어졌기 때문이다. 각개개의 힘은 나머지 一切의 힘과 因果關係에 서고 또한 그 나머지의 힘을 그 자체의 힘으로서 불러들인 것이다.」[3]라고 한다.

그는 過失犯의 共同正犯을 인정할 것이라고 말하며 「먼저 上段에 있어서 발생된 결과의 條件으로 된 각 동작은 적어도 결과 중에 數人의 동작이 존재하는 경우에는 그들 전체는 적어도 상대적으로 똑같이 處罰된다는 것이다. 그러므로 이 이유로부터 正犯者, 從犯者라고 하여 共力하는 人格의 절대적 구별은 行爲의 客觀的인 상태로부

---

3) v. Buri, Die Causalität und ihre Strafrechtlichen Beziehung, 1885. S.38ff.

터는 절대로 기초되지 않으며 오히려 이것은 犯罪의 主觀的 側面으로부터 도입되는 것이다. 만일 이것이 정당하다면 過失에 대하여도 실현된 過失的 결과의 構成部分이라고 생각되는 各過失的 動作은 적어도 본질적인 것으로 고찰될 것이므로 이러한 동작을 담당한 사람은 客觀的으로, 적어도 상대적으로는 똑같이 處罰되는 것이라는 주장이 있을 수 있게 된다.」[4]고 했다.

다음에 「빈딩」(K. Binding)은 正犯의 客觀的要件의 第一로서 「一人의 行爲能力者의 자기 손에 의한 동작 혹은 數人의 行爲能力者의 共同動作」을 요구하고, 또 다시 共同正犯이 되기 위해서는 「당해 行爲能力者와 타인 혹은 이들 전부에 공통한 正犯者意思(Täter-Willen)의 실현이 있을 것을 요구한다. 그러나 後者에 대하여 「統合된 犯罪者 意思는 항상 犯意에 있지 않으면 안 된다는 주장은 잘못이다.」[5]라고 하였다. 또한 다른 곳에서 설명하기를 「過失의 犯罪에 대한 共犯 및 過失의 正犯에 관한 이론은 자칫하면 이해할 것이 없는 양 경시되어 왔다. 그리하여 實務上도 이 분야에서는 심하게 미로에 빠져있다. 우리는 이점에 관하여 실제로 힘을 다하여 논하지 않음은 기묘한 일이다. 故意犯에 존재 가능한 一切의 意思關係(Willens-beziehung)는 過失犯이 경우에도 존재하지 않으면 안 된다는 것을 명배하므로 故意犯의 共同正犯과 마찬가지로 過失의 共同正犯도 존재한다.」[6]고 말하고 있다.

主觀的共犯論에 입각한 牧野博士도 「數人이 共同하여 일정한 行爲

---

4) v. Buri, Zur Lehre vonder Teilnahme, 1860. S.21ff.
　　內田文昭, 過失共働の理論, 有斐閣, 1971. 42面)
5) K. Binding, Grundriss des Deutschen Strafrechts, AT. 8 Aufl. 1919. S.147.
6) K. Binding, a. a. O., S.152.(內田, 前揭理論, 44面 以下. 參照)

로 나아갈 때에는 그 數人은 過失犯의 共同正犯이 될 수 있다」[7]고
하며, 宮本 博士도 牧野 博士와 같이 「共同正犯은 필경 일반적으로
因果關係의 理論의 一適用에 지나지 않는다」고 하여, 「共犯關係에
있어 타인의 犯罪에 의뢰하여 자기의 犯罪를 하려는 것은 타인의 犯
罪事實의 전부 또는 일부가 共犯인 犯罪의 因果關係의 일부로서 작
용하는 것」이라 하여 共犯을 獨立犯이라고 이해하는 결과 「2人 이상
의 犯罪의 유형이 각각 어떠한 것인가도 문제가 아니다. 그 전부가
過失犯일 수도 있다」[8]고 한다.

Ⅱ. 擴張的 正犯論

構成要件的 結果에 대해서 조건을 준 者는 모두 共犯이 된다고
하는 擴張的正犯論(extensive Täter Theorie)이 있는데, 이의 대표
적 학자로 「메츠거」(Mezger)가 있다.

「메츠거」(Mezger)는 共同正犯者를 「正犯者로서 責任性있는 他의
正犯者와 共同하여 結果를 야기한 者」라고 定義한 後에 「刑法 第47
條 共同正犯의 정신은 상호양해하에 수인에 의하여 범해진 敎唆犯
또는 從犯의 경우 및 상호양해하에 수인에 의해 범해진 過失犯의
경우에도 類推 適用된다. 後者의 경우 過失犯이 行爲할 때 최종결
과는 추구되지 않았으므로 意思疎通은 全行爲에 관한 것은 아니나,
구체적 행위 그 자체, 예를 들면 不注意로 나무를 던져 통행인이
이것에 맞아 죽은 경우와 같은 行爲는 충분히 共同的으로 추구되고

---

7) 牧野英一, 全訂版 刑法理論 上卷, 有斐閣, 1959年. 412. 442面.
8) 宮本英修, 刑法學粹, 有斐閣, 1935. 396面.

실행된 것이다」[9)]라고 설명한다.

Ⅲ. 行爲共同說

數人數罪에 대한 共同正犯 관계를 인정하는 行爲共同說(theorie de la crimialité propre ou de léntreprise)은 構成要件에 해당하는 實行行爲를 共同으로 하여 共同正犯이 성립하고 반드시 1個의 故意를 共同으로 할 필요가 없다고 하므로 過失의 共同正犯을 인정한다. 다음에서 行爲共同說의 입장을 취하고 있는 국내외 학자들의 견해를 살펴보기로 한다.

먼저 李建鎬 敎授는 「共同正犯의 主觀的 要件이라 하는 것은 즉 意思의 連絡을 의미하는 것이다. 意思의 連絡이라 하는 것은 決意를 共同으로 하는 것, 다시 말하면 共同的 意思에 기인하여 행동을 개시하여 實行하는 것을 의미하는 것은 아니다…… 意思의 連絡이라 하는 것은 다만 그것이 "行爲를 共同으로 한다"는 의식이면 족한 것이다. 이리하여 共同의 意義는 行爲에 대한 共同의 意義이면 족한 것이고 반드시 故意가 共同임을 필요로 하지 않는 것이다. 따라서 過失犯에 관하여도 共同正犯은 성립할 수 있는 것이라고 하지 않으면 안 될 것이다. 過失犯과 故意犯과의 사이에도 共同正犯은 성립할 수 있을 것으로 생각되는 것이다」[10)]라고 한다.

다음에 廉政哲 敎授는 「共同正犯의 主觀的要件은 意思의 連絡인데 意思의 連絡은 반드시 故意임을 要하지 않는다…… 行爲共同說

---

9) E. Mezger, Strafrecht(Ein Lehrbuch), 3, Aufl. 1949. S.441, 442.
10) 李建鎬, 刑法學槪論, 高麗大學校 出版部, 1977. 182面.

에 의하면 共同正犯은 行爲를 共同으로 할 意思가 있으면 성립되는 것이라 이해하므로 그 行爲는 故意 또는 過失로 인한 것이건 불문한다. 따라서 過失犯의 共同正犯 또는 故意와 過失로 의한 共同正犯도 可能하다」11)라고 한다.

木村 敎授에 의하면 「共同加功의 意思는 犯罪的 意思의 連絡이고, 犯罪的 意思는 이미 논술한 바와 같이 故意的 意思일 필요는 없고 過失的 意思이어도 좋다. 따라서 共同正犯은 意思의 連絡이 있는 한 過失犯 간에 있어서도 故意犯과 過失犯 간에도 성립할 수 있다. 예컨대 甲과 乙이 意思를 連絡하여 그러나 둘이 모두 不注意로, 丙이 지붕 밑에 있는 것을 알지 못하고 지붕에서 널판을 共同으로 던져 丙을 다치게 한 경우에는 過失犯의 共同正犯이고, 甲이 이 경우에 丙이 지붕 밑에 있는 것을 안 경우에는 故意犯과 過失犯의 共同正犯이다. 間接正犯을 인정하는 견지에서는 後者의 경우 甲의 行爲는 間接正犯이 된다. 刑法은 意思連絡의 內容으로서 故意의 共同을 요구하지 않기 때문에 行爲를 共同으로 하는 意思, 즉 共同加功의 의사가 있으면 충분하다. 따라서 行爲共同說이 妥當하다」12)고 하면서 共同正犯에서의 主觀的 要件인 意思의 連絡, 즉 「共同加功의 意思는 犯罪的 意思의 連絡이고, 犯罪的 意思는 故意的 意思일 必要는 없고 過失的 意思로도 좋다. 따라서 共同正犯은 意思의 連絡이 있는 한 過失犯 間에도 또한 故意犯과 過失犯 間에도 成立한다」13)고 한다.

환언하면 過失犯의 본질적인 不注意는 意識的 行爲에 不可分的으

---

11) 廉政哲, 刑法總論, 1979. 453面; 廉政哲, "過失犯의 共同正犯" 考試界, 1968. 8月號. 48面.
12) 木村龜二, 全訂 新刑法讀本, 有斐閣, 1967. 266面 以下.
13) 木村, 刑法總論, 有斐閣, 1962. 382面.

로 결부되어 있으므로 이와 같은 의식적 行爲의 공동이 있고 즉, 共同認識과 共同分擔이 있고 이로 인하여 過失的 結果가 발생하면 過失犯의 共同正犯이 된다는 것이다. 결국 木村 敎授는 目的的 行爲論을 출발점으로 하면서 行爲共同說의 입장에서 肯定說을 취하고 있다.

內田 敎授에 의하면 過失犯의 共同正犯을 부정하는 견해의 특징을 「공동의 목표에의 意識的 意慾的 共通」의 강조에 구하고 「그러나 우리들은 단지 결과를 지향하기만 하는 意思를 문제로 하는 것이 아니다. 오히려 타인의 行爲를 자기의 것으로서 자기 속에 속하게 하려는 意思의 결합에 문제에 중핵이 있다」고 비판한다. 이렇게 되면 行爲共同說로부터 過失犯의 共同正犯을 인정하는 견해와 차이가 없다. 그러나 또한 「위와 같은 意思狀態를 가지고 共同正犯을 뒷받침하는 意思의 連絡이 있다는 것은 아니다. 왜냐하면 이와 같은 의미에서의 의식적 共同에 있어서는 行爲者가 共同하여 實行하는 것은 그 자체로서는 틀림없이 法外에 있는 行爲에 불과하고 犯罪의 共同實行이라는 文句는 우리의 입장에서도 직접 이것으로부터 끌어낼 수는 없기 때문이다」라고 行爲共同說과의 차이점을 들어낸다.

그러나 前 法律的 事案에 관한 意識的, 意慾的 共同으로부터, 이것에 違法한 결과가 行爲者의 意思에 反히여 발생한 경우에 있이 行爲者의 過失이라고 하는 계기를 끌어들임으로써, 共同하여 過失的으로 犯罪를 실행한다고 하는 것을 규정한다. 이리하여 「過失이라고 하는 개념을 전적으로 責任條件으로 본다면 Lange의 입장을 비판하고 「過失的 共同 그 자체 내에 過失犯의 構成要件을 구한다. 過失犯에 있어서 注意義務의 침해라는 것은 단순한 責任性의 문제가 아니라 전적으로 違法性의 문제이며, 오히려 定型性의 문제이다.

34

그러나 過失에 의하여 어떤 行爲를 共同으로 한다는 것은 過失犯의 定型性의 중요한 부분을 共同으로 하는 것이 되고 결코 前法律的 事實의 共同에 불과한 것은 아니라고 설명한다. 따라서 違法한 過失的 결과와 결부하여 고찰할 때는 前 法律的 行爲는 오히려 過失犯의 定型性을 충족하는 構成要件的 犯罪行爲인 것이므로 過失的 共同行爲 그 자체에 대한 共同認識과 共同分擔이 존재하는 한 過失犯의 共同正犯이 된다는 견해이다. 결국 過失犯의 중점을 무의식적인 부분 그것에 구하는 태도는 因果的 行爲論과 目的的 行爲論과를 묻지 않고, 의식적인 부분에 그 過失行爲의 중핵이 존재한다는 것을 간파하여 그 결과, 過失의 共同正犯을 부정하기에 이르는 것」[14]이라고 비판한다.

최근에 와서 構成要件的行爲共同說의 입장에서 過失共同正犯을 해결하는 학자가 있는데, 특히 鄭盛根 敎授는 注意義務違反에 대한 상호양해와 결과 발생에 대한 機能的 行爲支配가 있는 共同者는 過失犯의 共同正犯이 된다. 그러나 注意義務違反에 대해서 상호양해가 없는 경우에는 過失의 同時犯이 되는 것이다」[15]고 하여 過失의 共同正犯을 肯定하고 있다.

Ⅳ. 共同行爲 主體說

犯罪 實現을 위해서 實行行爲를 분담할 경우에만 共同正犯이 성립한다고 하는 共同行爲 主體說을 주장하는 者가 있는데, 우리나라

---

14) 內田文昭, 過失共働의 理論, 1965. 42面 以下.: 內田, "共同正犯"判例刑法 硏究, 西原春夫編(東京, 有斐閣, 1981. 164面 以下.).
15) 鄭盛根, 刑法總論, 法志社, 1987 559面.

의 학자로 劉基天 博士가 있다. 劉基天 博士는 共同意思 主體說을 설명한 다음 「이 입장은 共同意思主體가 성립된 이상 그 實行行爲의 面을 개인행동의 국면에서 볼 것이 아니라, 共同意思主體의 行爲라고 볼 수 있는가에 의하여 결론하자는 바이요, 따라서 종래의 判例는 過失에 의한 共同正犯을 인정하지 않았지만, 적어도 共同行爲主體가 성립되어 각자가 實行行爲를 분담하는 이상 過失에 의한 결과를 낼 때에도 共犯關係를 인정할 수 있다고 보게 된다」16)라고 한다.

또한 「共同行爲 主體說의 견지에서 망보는 行爲가 共同正犯을 구성한다는 判例는 어느 정도 이해할 수 있고, 경우에 따라서는 망보는 行爲를 實行行爲를 분담한 경우라고 볼 수가 있다. 그러나 現行法의 正當한 해석으로는 어떠한 의미에서든지 實行行爲의 일부를 분담하였다고 볼 수 없는 共謀者는 그 加功의 정도에 따라 敎唆나 幇助의 責任을 지는 것이 타당하다」라고 설명한다.

이 說은 어느 의미에서든지 實行行爲를 분담했다고 볼 수 있는 범위에서만 共同正犯을 인정하고, 적어도 共同行爲主體가 성립되어 각자가 實行行爲를 분담하는 이상 過失에 의한 결과를 낼 때에도 共犯關係를 인정할 수 있다고 봄으로 過失犯의 共同正犯을 인정한다.

V. 機能的 行爲支配稅

최근에 독일에서는 犯罪 實現을 위한 全體計劃의 실현단계에서 결과를 실현하기 위하여 불가결한 전제를 이루는 行爲寄與가 있으면 共

---

16) 劉基天, 全訂 刑法學(總論講議), 一潮閣, 1985. 286面.

同正犯이 된다고 하는 機能的 行爲支配說(funktionelle Tatherrscha-fttheorie)이 나타나고 있는데, 이의 대표적 학자로는 「녹신」(C. Roxin)이 있고 우리나라에서도 최근 沈在宇 敎授가 이 입장을 취하고 있다.

먼저 「녹신」(C. Roxin) 敎授에 의하면 過失犯은 義務犯(Pflicht-tdelikte)이고, 過失作爲犯의 경우에는 「事實發生經過의 義務違反的 操縱(Pflicht- widrige Steuerung des Geschehensablaufs)이다.[17] 그는 一面에 있어서 Welzel이 因果的 行爲論에 있어서와 같은 결과발생에 중점을 두는 것을 비판하여 行爲無價値를 강조한 점에 있어서 同人에게 찬의를 표한다.

그러나 他面에 있어서 그는 過失犯을 過失犯으로 하는 것은 目的性이 아니라 義務違反性(Pflichtwidrigkeit)라고 한다. 「어떤 者가 過失犯의 行爲者로 되는 것은 그 者가 실현하려고 한 것에 의하는 것이 아니라 그 者에 과해진 注意를 義務에 反하여 하지 않았다는 사정만이 있다. 이 義務違反이라는 특징은 詳論할 것은 없고 어디까지나 규범적인 것이다」라고 하면서 「沒價値的인 目的性(Wertfreie Finalität)의 범위는 因果性 그것과 같이 過失犯의 이해를 위해서는 불충분하다. 여기에 파수꾼이 잠을 잔 判例를 들어 過失不作爲犯의 경우에는 目的性이 없어도 義務違反性과 過失은 存在한다」고 논한다.

결과적으로 Roxin은 過失犯에 대하여도 共同正犯을 인정한다. 우선 그에 의하면 過失犯의 正犯性에 의하여 본질적인 共同으로 원인을 줄 것을 요한다 하여 注意의 共同이라는 것은 필요치 않고 義務의 共同으로 원인할 것을 요한다. 즉 그의 견해에 의하면 過失犯의

---

17) C. Roxin, Täterschaft und Tatherrschaft, 3 Auflage, Walter de Gruyter, 1975. S.531f.

共同正犯은 共同義務의 共同傷害(gemeinsame Verletzung einer gemeinsamen Pflicht) 이외에는 인정하지 않는다.[18] 여기에 共同義務는 동일 내용의 것이 同時並例的으로도 존재하고 또 一人의 直後를 他의 一人이 검사할 의무를 부담한다는 형태로 특정한 내용의 것이 前後縱列的으로도 존재하나 어느 것이나 不可分의 의무라 한다. 共同의 일이라 하여 당연히 共同義務가 인정되는 것은 아니다.

그에 의하면 共同義務에 대하여 설명이 비교적 상세하나 「共同違反」에 대하여는 논하지 않는다. 오히려 共同義務의 위반은 당연히 共同違反이라고 생각하는 듯 보인다.[19]

다음으로 沈在宇 敎授는 「일반적으로 過失犯의 共同正犯은 數人이 일정한 行爲를 共犯으로 하면서 모두 注意義務를 違反했기 때문에 過失犯의 構成要件에 해당하는 결과를 야기한 경우를 두고 말한다. 따라서 過失犯의 共同正犯을 성립시키는 犯罪構成要件標識는 注意義務違反의 共同性임이 분명하다…… 過失犯의 共同正犯이 成立하기 위한 〈意思의 連絡〉이란 무엇인가? 그것은 過失行爲 以外의 行爲에 대한 意思의 連絡밖에 없다. 行爲共同說에 말하는 意思의 連絡이란 過失犯에 관한 한 하나의 허구이다. 그것은 法的으로 무의미한 말장난에 지나지 않는다」고 하면서 「過失犯의 共同正犯에 있어서도 機能的 行爲支配의 共同이 있어야 한다」[20]고 한다.

---

18) C. Roxin, a, a, O., S.535ff.

19) C. Roxin, Täterschaft, Leipziger Kommentar, 1978, Walter de Gruyter, S.156ff.

20) 沈在宇, "過失犯의 共同正犯" 考試界, 1980. 4月. 33. 26面 以下.

Ⅵ. 判例의 立場

독일의 判例는 시종일관하여 過失의 共犯性을 부정하고 있으며 일본의 大法院 判決도 종래까지 부정하여 왔으나 戰後 日本 最高裁判所는 有毒飮食物 등의 取締令違反事件에서 이를 긍정하는 태도로 바꾸었고, 우리나라에서도 점차 過失의 共同正犯을 인정하는 判例가 늘어가고 있다. 이하 過失共同正犯을 인정하고 있는 判例를 자세히 검토해보기로 한다.

먼저 戰後 日本 判例는 過失犯의 共同正犯을 인정하는 태도를 명백히 하고 있다.[21] 最高裁判所는 昭和 28. 1. 23 有毒飮食物 등 取締令違反事件을 계기로 처음으로 過失犯의 共同正犯을 인정하였다.

즉 共同으로 음식점을 경영하고 있는 A, B가 C로부터 구입한 위스키라고 稱하는 액체(메타놀 30% 이상 함유)를 메타놀이 포함되어 있는가에 대하여 不注意로 아무런 검사도 하지 않은 채, 意思連絡下에 D, E, F 등에게 판매하였던바, 이를 마신 者가 中毒에 의하여 死傷에 이르게 되었던 事件에 있어서, 「過失犯에는 共同正犯을 인정할 수 없다고 믿기 때문에 本 事件에 刑法 第60條를 적용하는 것은 부당하다」는 少數意見도 있었지만 「被告人 兩名이 공동경영을 하고 있는 음식점에서 出處不確實한 액체를 손님에게 판매할 때에는 〈메타놀〉이 含有되어 있는가 충분히 검사하고서 판매하지 않으면 안 된다고 하는 義務가 있는 것인데 被告人 등은 누구도 不注意로 이 義務를 懈怠하여 필요한 검사도 하지 않은 채, 上記 액체에는 法定除外量 以上의 〈메타놀〉은 함유되어 있지 않다고 경시하여

---

21) 日最判 昭和 28. 1. 23 刑集 7. 30(內田文昭, 刑法における 過失共働の 理論, 1面 以下).

이것을 손님에게 판 점에 있어서 有毒飮食物等 取締令 第4條 第1項 後段의 이른바 〈過失로 인하여 違反하는 것〉에 해당한다고 인정되며, 上記 음식점은 被告人 兩名이 공동경영하고 있고 위 액체의 판매에 대하여도 被告人 등은 그 意思를 連絡해서 판매를 했다고 할 수 있기 때문에 이 점에 있어 被告人 兩名 사이에 共同關係의 성립을 인정하는 것이 상당하다」고 判示함으로써 過失共同正犯을 인정한 최초의 判決이 되었다.

한편 우리나라 大法院은 1962年 3月 29日의 判決에서 운전사와 荷主가 트럭에 장작을 가득 싣고 밤 11시경 검문소에 이르렀는데 檢問警察官이 전지를 들고 停止信號를 하자 시속 5마일로 徐行하던 중, 同警察官이 車前面을 橫斷하여 荷主가 앉은 右則路邊으로 가는 것을 보고 운전사는 정차하려고 하였으나 옆에 앉아있던 荷主가 〈그대로 가자〉고 하기에 운전사는 급속도로 내어 달렸는바, 이때 마침 검문을 하려던 警察官이 同車에 치어서 死亡한 業務上 過失致死事件에 관하여 「原判決에 의하면 原審은 "過失犯에 있어 운전사 또는 助手가 아닌 被告人을 共同正犯으로 起訴한 자체가 부당할 뿐 아니라…… 被告人에게 過失 또는 인식 있는 過失조차 인정할 수 없으나…… 本 件은 犯罪가 되지 아니 하거나 또는 犯罪의 證明이 없음에 歸着……"된다」 하여 被告人에게 無罪를 宣告하고 있다.

그러나 刑法 第30條에 〈共同하여 罪를 犯한 때〉의 〈罪〉는 故意犯이고 過失犯이고를 不問한다고 해석하여야 할 것이고, 따라서 共同正犯의 主觀的 要件인 共同의 意思도 故意를 共同으로 가질 意思임을 필요로 하지 않고 故意行爲이건 過失行爲이건 간에 그 行爲를 共同으로 할 意思이면 족하다고 해석해야 할 것이므로 2人 이상이 어떠한 過失行爲를 서로의 意思連絡下에 하여 犯罪되는 결과를 발생케 한 것이라면 여기에 過失犯의 共同正犯이 성립되는 것이다.

기록에 의하면 本件 事故는 경관의 검문에 응하지 않고 트럭을 疾走함으로써 야기된 것인바, 第1審 判決에서 본 각 증거를 종합하면 被告人(荷主)은 原審 共同被告人(운전사)과 서로 意思를 연락하여 경관의 검문에 응하지 않고 트럭을 疾走케 하였던 것임을 충분히 인정할 수 있음이 명백하므로 被告人은 本件 過失致死罪의 共同正犯이 된다고 할 것이므로 논지는 이유가 있다」[22]고 判示하였다. 本 判例는 비록 일본 判例의 영향을 받았다 할지라도 過失犯의 共同正犯을 긍정한 최초의 判例로서 그 意義가 크다 할 것이다.

다음에 大法院은 1979年 8月 21日 判決에서도 찦차 운전병과 先任塔乘者(所屬部隊 人事係)가 同乘하고 찦차를 運行하던 중에, 酒店앞에 이르자 車를 세워 놓고 들어가 소주 2홉 이상을 마신 뒤 만취된 상태에서 車를 몰고 가다가 방향감각을 상실하여 자전거, 자동차 및 트럭 등을 들이받음으로써 發生한 〈道路交通法違反 業務上 過失軍用物損壞 被告事件〉에 대하여, 「原審判例理由에 의하면 被告人은 第1審 共同被告人 운전병 이동수가 운전하던 이 事件 찦차의 先任塔乘者로서 이 운전병의 안전운전을 감독하여야 할 責任이 있는 것이므로 운전병 이동수가 車輛運行 中 음주를 한다면 이를 적극적으로 制止하여야 할 뿐만 아니라, 同人이 안전운행을 할 수 있을 정도로 술에서 깰 때까지는 운전을 하지 못하도록 한 결과, 위 운전병 이동수는 음주로 인하여 취한 탓으로 車輛의 前照燈에 현기를 느껴 前後左右를 제대로 살피지 못한 결과, 本件 事故가 발생한 것이라는 事實을 인정하고 共同正犯에 관한 刑法 第30條를 적용하여 被告人을 다스리고 있다. 刑法 第30條에 〈共同하여 罪를 犯한

---

22) 大判, 62. 3. 29.(4292 刑上598), 大刑贍 14輯, 171面.

때〉의 〈罪〉라 함은 故意犯이고 過失犯을 불문한다 할 것이고, 따라서 두 사람 이상이 어떠한 過失行爲를 서로의 意思連絡下에 이룩하여 犯罪되는 결과를 발생케 한 것이라면 여기에 過失犯의 共同正犯이 성립된다고 볼 것이므로(大判 1962. 3. 29. 4294刑上 598號) 原審이 같은 취지에서 위 認定事實에 기초하여 被告人을 過失犯의 共同正犯으로 보고 다스렸음은 當然하여……」[23] 라고 判示하였는바, 過失犯의 共同正犯에 관하여 그 성립을 肯定하는 입장이 계속하여 유지되고 있다.

Ⅶ. 過失共同正犯論 및 判例 批判

먼저 行爲共同說에 입각한 견해를 살펴보면, 犯罪를 行爲者의 反社會性의 表現으로 봄으로써 數人이 罪를 共同으로 犯한 경우에 이는 각자 고유의 犯罪意思를 실현하기 위하여 각자의 行爲를 共同으로 이용한 것에 불과하고, 따라서 그 行爲는 반드시 構成要件的 行爲임을 필요로 하지 않으며 각자가 우연한 共同으로 過失的인 效果를 발생게 하여도 過失犯의 共同正犯이 성립할 수 있다고 하는데 이러한 理論構成方法에 대하여는 찬성할 수 없다.

즉 前構成要件的·前 法律的 行爲의 분담과 그에 대한 意思만 있어도 共同正犯이 성립된다고 한으로써 모든 行爲에 대한 共同만으로도 共同正犯이 가능하다고 하는 것은 刑法上 의미가 없는 단순한 行爲나 意思까지도 犯罪化되어 罪刑法定主義 原則에 위배되기 때문이다.

---

23) 大判, 79. 8. 21.(79도 1249) 大法院 判決集 27卷 4輯 刑事 83面.

過失犯에 결과가 발생하였다 하더라도 모든 過失行爲가 構成要件的 行爲로 될 수는 없는 것이며, 違法判斷의 對象이 되는 不注意한 行爲, 즉 결과발생과 불가분의 관계에 있는 過失行爲만이 構成要件的 行爲라 할 것이므로 단순한 自然的行爲나 前法律的·前構成要件的 行爲까지도 共同〈行爲〉의 槪念 속에 包含시키는 것은 부당하다 하겠다.

다음으로 劉基天 博士는 그의 독특한 共同行爲主體說의 입장에서 「종래의 多數說과 批判에 의하면 共同正犯은 故意犯을 전제로 한다고 보아 過失에 의한 共同正犯을 부인하지만 이는 근거 없는 견해이고 前述한 共同行爲主體說을 승인하는 이상 過失에 의한 共同正犯도 인정하지 않을 수 없다」[24]라고 한다. 그런데 共同正犯을 共同行爲主體의 實行行爲라고 볼 수 있는 경우에 한하여 인정하고, 따라서 過失에 의한 共同正犯도 인정된다고 하지만 共同行爲主體說의 의미가 명백하지 못하기 때문에 그러한 상태에서 過失犯의 共同正犯을 인정하는 것은 타당하다고 할 수 없다.

그리고 行爲共同說과 機能的行爲支配說의 입장을 비판해보면 다음과 같다.

먼저 前法律的인 事實에 관한 「意識的·意慾的共同＋過失→犯罪的 結果의 야기」라고 하는 思考過程에 의해서 過失犯의 共同正犯을 인정한 견해에 의하면, 前 法律的인 事實의 意識的共同은 違法한 結果의 盲目的·因果的發生까지도 직접 구성요건에 해당하는 違法한 行爲로 보게 되는데 이 같은 結論은 승인할 수 없다.[25] 그것은 前法律的인 事實에 관하여 意識的으로 共同한 者 모두에 대하여 그 過失의 有無와는 관계없이 발생된 違法한 결과에 대하여 共同으로

---

24) 劉基天, 前揭書, 288面.
25) 牧野, 廉政哲, 李建鎬教授 등도 同旨에 찬동하고 있다.

실행하였다고 하는 계기를 포함하고 있기 때문이다. 즉, 아무리 注意를 하였어도 회피 불가능한 결과야기도 違法으로 되는 등 行爲의 構成要件該當性 및 違法性을 결과의 발생만으로 직접 肯定하려고 한 점은 타당하다고 할 수 없는 것이다.

또 沈在宇 敎授는 機能的行爲支配說의 입장에서 過失의 共同正犯을 肯定하고 있는데[26] 이를 살펴보면 「機能的行爲支配說이란 각 行爲者의 行爲支配가 犯罪現實의 全體計劃에 機能上 不可不離하게 役割分配되어 共同作用을 하고 있을 때 共同正犯이 성립한다는 結論이다…… 過失의 共同正犯에 있어서도 機能的 行爲支配의 共同이 있어야 한다는 點에서 다를 바 없다」고 하고 結論的으로 過失의 共同正犯의 成立要件에 관해 「過失犯의 共同正犯은 두 가지 요건을 구비하여야 성립한다. 그 하나는 注意義務의 共同이요, 다른 하나는 機能行爲支配의 共同이다. 첫째는 成立要件은 過失犯의 본질로부터 나오는 당연한 結論이다…… 意思의 連絡은 여기서는 전혀 필요치 않다.

둘째의 成立要件은 機能的行爲支配의 共同이다. 共同正犯이 成立하기 위해서는 각자의 行爲支配의 機能的 분담이 不可不離하게 의존되어 있어야 한다. 외형상 아무리 行爲를 共同으로 한다 할지리도 그 전체로서의 行爲에 대하여 가자의 行爲支配가 機能으로 共同分擔되어 있지 않으면 共同正犯은 성립하지 않는다」라고 한다. 그러나 機能的行爲支配란 共同正犯의 正犯性을 인정하기 위한 行爲支配의 유형에 불과하고, 法學의 論理的 側面을 무시하고 社會工學的 側面을 강조하는 등 形式理論的인 刑法의 基本立場을 무시한 것으로서 過失共同正犯에 관한한 올바른 태도라고 할 수 없다.

---

26) 沈在宇, "過失犯의 共同正犯", 考試界, 1980. 4月號. 33. 36面 以下.

44

규범적인 측면에서 機能的行爲支配에 의한 役割分擔만을 가지고 過失共同正犯으로 인정[27]함은 올바른 태도라 할 수 없다. 따라서 過失共同正犯을 긍정하는 위 학설들은 過失共同正犯의 問題를 올바르게 把握한 견해라 할 수 없다.

다음에 過失共同正犯을 인정하는 判例를 검토해보면 다음과 같다.

먼저 日本 最高裁判所의 昭和 28. 1. 23의 判決은 過失犯의 共同正犯을 최초로 인정한 判例로 남게 되었지만, 이 判例에 대하여는 많은 학자들 간에 論爭이 있었다. 이 判決은 過失犯의 共同正犯의 성립을 인정한 것이기 때문에 그때까지 이를 부정하여 온 判例와 정면으로 背馳되는 判決이 된다는 점과 本 判決이 小法廷에서 이루어진 것이기 때문에 裁判所法施行令 第5條에서 〈裁判所法 第10條 3號 大法廷에서의 審判의 規定에 대하여는 大審院이 한 判決은 이것을 前에 最高裁判所가 한 것으로 본다〉고 하므로 本件에 관하여는 小法廷에서 裁判할 수 없고 大法廷에서 취급했어야 하며 또 만일 그렇지 않더라도 〈最高裁判所 事務處理規則〉 第9條의 「大法廷에서 裁判할 것이 상당하므로 인정할 경우」에 해당된다고 할 것이므로 역시 大法廷에서 처리되었어야 하지 않겠느냐 하는 절차상의 問題까지 논란이 되었던 것이다.

다음으로 우리나라의 大法院判決(1962. 3. 29)에 대하여 살펴보면, 이 사건의 判決理由 중에서 특히 주목할만한 것은 過失犯의 共同正犯이 成立하기 위해서는 〈意思의 連絡〉이 필요하다고 하는 점이다. (1978. 9. 26. 大判과 1978. 8. 21 大判도 同旨의 判決이다).

沈在宇 敎授에 의하면 〈意思의 連絡〉은 그 성질상 故意犯의 共同正犯이 성립하기 위한 構成要件的 標識일 뿐인데, 과연 意思의 連絡

---

27) 沈在宇, 上揭論文, 36面 以下.

을 過失犯의 共同正犯에까지 採用하는 것이 가능한가 하는 점이 問題가 된다고 하여, 일반적으로 過失犯의 共同正犯은 數人이 일정한 行爲를 共同으로 하면서 모두 注意義務를 違反함으로써 過失犯의 構成要件에 해당하는 結果를 야기한 경우를 두고 말하기 때문에, 여기서 過失犯의 共同正犯을 成立시키는 犯罪構成要件標識는 注意義務違法의 共同性임이 분명한 것인 데도 不拘하고 大法院判例는 故意의 共同性, 즉 〈意思의 連絡〉을 標識로 내세우고 있다고 한다.[28]

勿論 위 判例에서 말하는 〈意思의 連絡〉은 犯罪的 意思의 連絡이 아니고 단순한 行爲意思의 連絡이라 함은 짐작할 수 있다.

왜냐하면 犯罪的 意思의 連絡이 있으면 故意犯의 共同正犯이 성립하기 때문이다.

이 점에서 위 判決의 立場은 行爲共同說에 따르고 있음이 분명하며 「意思의 連絡은 다만 故意犯의 共同正犯이 成立하기 위한 構成要件的 標識일 뿐, 過失犯에 관한 한 法的으로 無意味한 말장난에 지나지 않는다」고 하는 견해[29]와는 그 입장을 달리하고 있다.

위 判決은 行爲共同說에 따라 〈意思의 連絡〉이 있었다는 이유만으로써 過失犯의 共同正犯을 인정하고 있는데, 이는 잘못되어 있다고 생각된다. 물론 過失犯의 共同正犯을 인정히기 위해서는 〈意思의 連絡〉에 基한 過失行爲의 共同이 있이야 함과 동시에 그 實行行爲에 있어서 共同行爲者 간에 機能的行爲支配의 共同이 존재하여야 하는바…… 그들 상호간의 行爲에는 機能的行爲支配의 共同이 없기 때문에 잘못된 判決이라고 하는 견해가 있는데, 이는 명백히 잘못된 것이다.

왜냐하면 위 判決은 過失犯과 過失犯 사이에 共同正犯을 인정한

---

28) 上揭論文, 33面.
29) 上揭論文, 36面.

것이 아니라 過失犯과 過失行爲가 아닌 것과의 사이에 共同正犯을 인정하는 잘못을 犯하였기 때문이다.

그런데 判例는 行爲共同說의 立場에서 그처럼 反對하는 共謀共同正犯을 인정하면서 過失犯의 共同正犯에 관해서는 반대로 그 行爲共同說의 주장을 따르고 있는데 이러한 點에서 우리 判例는 그 立場에 一貫性이 없다 할 것이다.[29-1)]

第3節 過失共同正犯 否定論

過失共同正犯을 否定하는 입장에서는 過失同時犯으로 취급하는데 이에도 여러 가지 입장이 있다. 以下 過失共同正犯을 부정하는 입장을 國內外의 학설과 判例를 중심으로 검토해보기로 한다.

Ⅰ. 獨逸의 學說

독일 학자들은 대체로 過失共同正犯을 부정하는 입장에 있다. 대표적인 학자들의 견해를 검토해보면 다음과 같다.

먼저 「리스트」(Liszt)는 共同正犯을 가지고 타인의 동작에 대한 비독자적인 가공의 一形式이 아니라 고유한 독자적인 正犯이라는 입장에 입각하나 共同正犯者의 主觀的 要件으로서의 犯意에는 犯罪要素의 인식, 다수인이 그 의식적인 협력이라는 것 없이, 동일결과의 야

29-1) 黃山德, 正犯과 共犯, 考試研究, 1982. 10月號, 36面 參照.

기 또는 그 不阻害에 대하여 가공한 경우에는 共同正犯으로부터 제외되고 그것은 同時犯(Nebentäterschaft)으로 된다. 따라서 이러한 것에 속하는 것은 특히 過失의 共同作用의 경우이고 다수의 목공이 통행인에 경고도 하지 않고 一個의 나무토막을 부수는 집의 지붕에서 던져, 이러한 不注意에 의하여 一人이 죽은 경우라 한다.30)

「알펠트」(Allfeld)도 마찬가지로 共同正犯에는 犯意가 필요하다고 하여, 犯意는 「構成要件의 실현을 향한－따로 正犯者 故意에 대하여 요구되는 것과 같은 범위의－意思, 즉 타인도 같은 犯意를 갖고 行爲한다고 하는 인식, 最後로 構成要件의 실현에 관하여 자기의 동작을 타인의 동작과 결합한다고 하는 意思를 포괄하지 않으면 안 된다.

따라서 「다수인은 結果의 초래에 관하여 過失로도 가능하고, 同樣으로, 過失의 거동이 故意의 그것과 결합하고, 인하여 違法한 結果를 야기한다는 것도 가능하다. 이것들은 협의의 共同正犯은 아니며 더욱이 結合에 원인된 동작이 意識的이며 意慾的으로 共同의 것인 경우에도 共同正犯은 아니다. 오히려 行爲는 각자로 판단될 것이며 발생된 結果와 行爲가 因果關係에 서는 한 行爲者는 結果를 過失에 의하여 혹은 故意로 초래했디는 이유로 치벌될 것이다.

共犯에 관한 原則은 여기에 적용되지 않기 때문에 實行者에 그치지 않고, 有責의 결과에 대한 原因을 가진 者로 각각 正犯者로서 취급될 것이다.31)라고 주장한다.

「마이어」(M. E. Mayer)교수는 말하기를 「共同正犯은 故意」를 전제로 한다. 무엇을 共同하여 행하느냐 하는 관념은 확실히 過失에 의한

---

30) v. Liszt, Lehrbuch des Deutschen Strafrechts, 22 Aufl., 1919. S.212.
31) Meyer-Allfeld, Lehrbuch des Deutschen Strafrecht, 8. Aufl., 1922, S.217f.

48

협력과 결부하지만, 결과를 共同하여 이야기한다고 하는 부분적 行爲를 포함하는 결의는 결코 그것과 결합되지 않는다.」고 하면서 또한 Frank 기타 Binding을 합하여 肯定說을 비난하고 一人이 過失에 의하여 협력한 경우,「그 法定構成要件의 全部(den ganzen gesetzlichen Tatbestand)를 충족하게 되면 正犯이 된다.」[32]고 말하고 있다.

「바우만」(J. Baumann)은 다음과 같이 서술하고 있다. 즉「過失 行爲에는 構成要件을 충족시킨다는 인식, 적어도 의욕은 없으므로 (그렇지 않으면 故意犯이 될 것이다.) 過失的 行爲에는 두말할 여지없이 共同正犯은 있을 수 없게 된다. 共同正犯은 行爲遂行을 共同으로 한다는 인식과 의욕이 있을 경우에만 가능하므로 構成要件 充足의 인식과 의욕이 필요한 것이다.

종종 사람들은 認識되고 意慾된 行爲뿐만 아니라 行爲結果에까지 미쳐야 한다는 식으로 설명한다.

認識되고 意慾된 共同行爲(단순한 共同動作이 아니라)는 완전한 犯罪(Vollen Delikts)에 관하여 존재해야 한다. 過失犯에 있어서는 結果遂行도 犯罪遂行에 속하므로 結果도 역시 意慾되어야 한다.」[33] 고 하면서 過失成에 있어서는 共同正犯을 제외한다고 한다.

또한 Baumann은 過失的 共同에 歸責은 가능치 않다고 하면서,「결국 단순한 擧動犯(Tätigkeitsdelikten)에 있어서도 過失的 行爲에 의한 共同正犯을 認定할 수 있을 것이며, 過失로 잘못한 두 사람의 證人은 단지 그들이 함께 行爲하였다는 것만으로 刑法 第163條(Fahrl-ässiger Falscheid 過失僞證)의 共同正犯으로서 有罪判決을 받을 것이다. 여기에는 共同行爲(Miteinander und Durucheinanderhandelns)라는 관

---

32) M. E. Mayer, Der Allgemeine Teil des Deutschen Strafrechts 9, Aufl., 1915. S.382.
33) J. Baumann, Strafrecht, Allgemeine Teil, 3. Aufl., 1964. S.419.

념이 사라졌다는 점이 문제가 된다.

따라서 共同過失로 환자에게 주사를 잘못 놓아 사망케 한 의사와 간호부는 지붕에서 거리로 재목을 던져 그곳을 통과하던 행인을 맞아 죽게 한두 명의 노동자와 마찬가지로 第22條에 대한 共同正犯으로서가 아니라 同時犯(Nebentäter)으로 되는 것이다.」[34]라고 주장한다.

「마후라흐」(Maurach)는 「여러 사람들에 의하여 過失的 共同行爲가 너무 중요시되고 있다. 然邦最高裁判所 判例集 4卷 20面은 교훈적인 예를 보여준다. 즉 만취한 운전사와 술을 많이 먹게 하여 위험한 상태에 빠지게 한 후 손님을 자동차에 타고 가도록 방치한 여주인이 犯한 過失致死의 同時犯(Fahrlässige Tötung in Nebentäterschaft)인 경우가 그것이다. 또한 지붕에서 재목을 던지도록 위임받은 두 건축 노동자가 길 위에 사람이 있나 없나를 잘 注意하지 못하여 통행인이 죽은 경우가 여기에 속한다.[35]

종종 부당하게도 共同正犯이 인정되는데, 그것은 共同의 인식(Bewußtsein des Gemeinschaftlichkeit)이 있기 때문이며, 내지는 過失行爲가 義務違反에만 존재하기 때문이라 한다. 더욱이 어떤 견해는 第50條의 現行法 해석에 의하여 옹호된다. 그러나 犯罪構造는 반대의 해서을 한다.

결국 여기의 경우는 한 사람은 過失이나, 다른 사람은 그 缺된 의식을 충분히 이용하여 故意的으로 행동한 것으로 해석된다. A는 근시안적이며 경솔한 B를 통하여 자기의 目的을 시도해본 것이다. 정말로 그가 배후인으로 행동하였다면 間接正犯이고, 방지하려 하였다면 過失의 單獨正犯이다.」[36]라고 말함으로써 過失共同正犯을

---

34) J. Baumann, Strafrecht, A. T., 5. Aufl., 1964. S.491.
35) 3R. Maurach, Deutsches Strafrecht, Allgemeiner Teil, 3. Aufl., 1954, S.550.

50

否認한다.

「크라머」(Cramer) 교수에 의하면 「過失犯에 있어서도 共同正犯이 가능한가 어떤가가 다루어지고 있다. 文獻에는 압도적으로 가능성을 인정하고 있다. 왜냐하면 여기에도 역시 行爲共同의 인식이 있을 수 있기 때문에 共同正犯은 생각할 수 있기 때문이다.

그러나 이러한 개념은 존재하지 않는다. 왜냐하면 過失犯의 분담(Tatbeitrag des Fahrlässigkeitstater)은 직접적으로 結果에 대한 관계에서는 있을 수 있겠으나, (同時犯) 거기에는 第47條의 決定的 요소, 즉 犯罪意思의 共同(Gemeinsamkeit des Deliktsvorsatz)이 존재할 수 없기 때문이다.」[37]라고 말함으로써 犯罪意思의 共同이 없다는 이유로 過失犯의 共同正犯을 부인한다.

「슈바르트－드레허」(Schwarz-Dreher)도 「數人이 共同의 인식이나 의욕 없이, 그러나 行爲의 競合으로 하나의 行爲를 완성할 때는 同時犯이 된다.

즉 共同하여 행동하는 것이 아니라 시간적으로 같은 때에 사람을 죽였다면 각자는 獨自的으로 故殺이 되는 것이며 통 털어서 共同正犯이 되는 것은 아니다.」라고 함으로써 同時犯만을 긍정할 뿐 共同正犯의 가능성을 부인하고 있다.[38]

「예섹」(Jescheck)은 「共同正犯의 한계는 "共同의 犯罪決意"에 근거하는 正犯의 형태에서 문제가 된다.」고 하므로 共同의 犯罪決意가 없는 過失行爲(Fahrlässigkeitstat)에는 共同正犯은 존재할 수 없고 「多數人이 過失的으로 共同(Zusammenwirken)한 경우에는 각자

---

36) R. Maurach, a, a, O., S.550.
37) Schönke-Schröbder-Cramer, Kommentar zum StGB, 20 Aufl. 1980, Vor.§§26ff, Rn.101, S.373f.
38) Schwarz-Dreher, Strafgetzbuch, 26, Aufl., 1954. S.166.

는 同時犯이며, 개별적인 犯罪寄與는 過失內容에 따라 특별히 심사되어야 한다.」[39]고 하고 있다.

「복켈만」(Bockelmann)의 견해에 의하면「過失犯에 의한 共同正犯은 제외된다. 왜냐하면 正犯性에 근거하는 共同의 犯罪決意는 故意의 犯行(Tatbegehung)으로 된 결의이어야 하기 때문이다. 이에 대해서 過失犯에 의한 同時犯은 가능하고 빈번하다. 역시 다수의 行爲者에 의한 故意와 過失의 行爲는 同時犯으로 된다.」[40]고 하고 있다.

「헤르츠베르크」(Herzberg)에 의하면「承繼的共同正犯과 같이 過失의 共同正犯이 논의된다. 그러나 이러한 논쟁은 결코 하등의 실제적인 의미를 갖고 있지 않다. 여기서의 문제는 순수한 개념적인 것이다. 즉 共同正犯인가 單獨正犯인가 이다. 이것은 극단적인 예로 만약 20명이 숲에서 확실한 방지책이 없이 共同의 사격연습을 하다가 산보하는 사람을 殺害한 경우에 過失殺害로 처벌되어야 하는가? 이때에는「in dubio pro reo」(의심스러울 때는 被告人의 利益으로)에 따라 過失殺害의 正犯이 아니라 無罪로 되어야 한다고 하며, 過失의 共同(Fahrlässige Zusammenwirken)에 있어서 현재의 논쟁점은 共同의 犯罪決意에 있다.」[41]고 한다.

「괴셀」(Gössel)에 의하면 過失正犯(Fahrlässiges Täterschaft)에 있어서는 目的的 行爲의 일정한 성질로부터 니오는 모든 正犯形式이 없기 때문에…… 다수인에 의하여 過失의 法益侵殺에 기여한 者는 단지 過失의 共同正犯이 되고…… 이 경우에 소위 過失의 同時犯은 過失의 單獨正犯과 실제적으로 전혀 구별되지 않는다.」[42]고 하여

39) H. H. Jescheck, Lehrbuch des strafrechts, Allg. Teil. 3 Aufl. 1979. S.202.
40) P. Bockelmann, Strafrecht, Allgemeiner Teil. 3. Aufl. 1979. S.202.
41) R. D. Herzberg, Täterschaft und Teilnahme, 1977. S.72f.
42) K. Gössel, Maurach-Gössel-Zipf, Strafrecht, A. T. 1978. S.105.

Welzel이나 Maurach와 같이 過失의 共同正犯을 否定하고 있다.

II. 犯罪共同說

意思連絡의 內容을 構成要件的 結果를 실현하려는 意思, 즉 故意의 共同으로 보는 犯罪共同說(theorie de la eriminalite demprunt ou de lunte du delit)의 입장을 취하는 학자로는 小野, 瀧川, 金容普 敎授, 鄭暢雲 敎授, 南興柘 敎授, 白南檍 敎授 등이 있다.

먼저 日本에서 小野 博士는 共犯을 「構成要件의 修正形式」이라고 파악하여 共同正犯을 다음과 같이 말하고 있다. 즉 「2人 以上 共同하여 犯罪를 實行할 者는 그 正犯이다. 이것이 共同正犯이다. 2人 이상이 共同하여 犯罪를 실행한다고 하는 것은 構成要件에 해당하는 行爲이다. 즉 2人 이상의 共同行爲에 의하여 하나의 構成要件을 실현할 경우가 共同犯罪이다.

共同行爲라는 것은 相互共同하여 犯罪를 실현하는 意思의 존재이다. 意思의 連絡이라도 좋다.」고 함으로써 典型的 犯罪共同說의 입장에서 過失犯의 共同正犯을 부정한다.[43]

다음으로 瀧川 博士는 「2人 이상의 者가 共同하여 犯罪를 實行한 경우가 共同正犯이다. 正犯은 構成要件에 해당하는 行爲를 스스로 實行하는 者이다. 1人이 實行하는 경우는 單獨正犯, 2人 이상이 共同하여 실행하는 경우는 共同正犯이다. 모든 行爲者가 각각 構成要件에 해당하는 行爲의 전부를 행한 때에 하고 乙은 재물을 탈취한

---

43) 小野淸－郎, "構成要件と 共犯の 諸問題", 犯罪構成要件の 理論 1973, 102面 以下.

경우에 甲과 乙은 强盜罪의 共同正犯이다. 數人이 각각 行爲의 일부를 實現한 경우라도 共同하여 實行하는 이상, 각각은 전부에 대하여 責任을 진다는 것을 의미한다. 이것은 刑法 第60條의 규정으로부터 명확하다. 각각의 行爲는 共同한 일의 부분이지만 이 규정에 의하여 전체로 결합되게 한다.

共同正犯은 종합적 요소이다. 2人 이상의 者가 犯罪의 실행에 共同하였다는 것은, 먼저 객관적으로는 각 共同者의 行爲가 합하여 特定犯罪의 構成要件을 전면적으로 충족시킨 데 있고, 다른 사람의 數個의 行爲로부터 성립한 전체라는 것 이외에는 아무런 특별한 성질도 없다. 이에 反하여, 주관적으로는 고유의 특징을 나타낸다. 각 共同者는 타인의 行爲를 보충한다는 것, 타인의 行爲에 의하여 보충된다는 것을 인식하고 그 인식에 따라서 행동할 것을 필요로 한다. 보충하여 합한 行爲에 의하여 一個의 결과에 도달한다고 하는 의도, 즉 상호이해가 共同正犯의 종합요소이고 獨自의 특징이다. 상호이해는 故意行爲에 대하여 존재함에 불과하다. 共同正犯은 故意犯을 조건으로 하여 성립한다. 過失犯의 共同正犯은 생각할 수 없다.」[44]고 한다.

또한 團藤 博士는 다음과 같은 점을 지적히면서 過失의 共同正犯은 肯定될 수 없다고 한다. 즉 「犯罪的이 이닌 意思의 連絡은 共同해서 犯罪를 實行하는 意思로서는 不充分하다고 해야 할 것이다. 더욱 過失行爲는 워래 그 領域이 主觀的인 面에서 意識的인 것으로부터 無意識的인 것에까지 이른다. 意識的 部分이 결코 過失行爲에 本質的인 것은 아니다. 意識的인 部分에 대한 意思의 連絡을 가지고 過失犯의 共同正犯의 成立을 論하는 것은 過失犯의 本質을 올바

---

44) 瀧川幸辰, 犯罪論序說, 有斐閣, 1947. 210面.

르게 把握한 것이라 할 수 없다.」고 하면서 理行刑法은 過失의 共同正犯을 否定하는 趣旨로 되어 있다고 하고 있다.[45]

한편 井上 敎授는 過失의 共同正犯을 否定하면서 두 가지 理由를 들고 있다. 첫째로는 共同正犯에 必要한 共同加功의 意思는 단순한 「行爲」를 共同으로 하려는 意思가 아니라 犯罪로서의 「行爲」라는 것을 알았음에도 불구하고 그것을 共同한다는 意思라고 理解하므로 過失의 共同正犯에는 이러한 意思가 있을 수 없다는 것이고, 둘째로는 過失犯에 있어서도 行爲의 定型性을 생각할 수 있으나 故意犯의 경우와 비교하면 그 定型性은 완화되는 것이므로, 結果의 惹起에 相當因果關係가 있는 모든 行爲를 正犯으로 하면 充分하고 구태여 共同正犯의 理論에 의한 修正된 構成要件을 생각할 필요는 없고 따라서 過失의 同時선과 별도로 過失의 共同正犯을 論할 필요는 없다는 것이다.[46]

그리고 우리나라의 金容普 敎授에 의하면 「共同正犯이 되려면 共犯者 간에 意思의 連絡이 있어야 하는 것이므로 故意아닌 過失에 의하여 성립되는 犯罪에 있어서는 共同正犯이 있을 수가 없다.

또 過失者에 대한 敎唆또는 幇助는 間接이 성립하는 것이므로 共犯의 관념이 있을 여지가 없다.

예컨대 數人의 목수가 목재를 넘어뜨리는 過失로서 타인을 傷實한 경우에 있어서 각 목수는 이런 絡果를 인식하지 못한 고로 過失致傷罪의 共同正犯이 될 수 없고 따라서 각 목수는 누구나 單獨으로 過失罪의 성립 문제가 생기게 될 것이다.」라고 설명함으로써 過失犯의 共同正犯을 부정한다.[47]

---

45) 團藤, "過失犯と人格責任論", 過失犯(日沖憲郎博士還歷祝賀論文集, 有斐閣, 1966. 80面.
46) 井上正治, 判別 にあらわれた過失汎の 理論, 酒井書店, 1968. 323面 以下.

다음에 鄭暢雲 博士는 「過失犯에 대하여 共同正犯을 인정할 수 있는가 ……(中略)…… 예컨대 사람을 야수로 오인하여 甲과 乙이 意思連絡下에 發砲하였다고 한다면 이러한 犯罪的이 아닌 意思의 連絡은 共同하여 罪를 실행하는 意思로서는 불충분하여 해석상 過失에 의한 共同正犯은 인정할 수 없다. 따라서 이 경우에는 過失致死罪의 同時犯이 성립한다고 이해하는 것이 옳다.」고 하고 있다.[48]

그리고 南興祐 敎授에 의하면 「共同正犯에는 行爲者 상호간에 共同實行의 意思가 있어야 한다. 이것이 없으면 同時犯에 지나지 않는다. 共同實行의 意思라함은 주관적 共同者 각자가 상호적 이해에 의하여서 협조하여 共同의 힘을 목적의 완성에 노력하는 意思를 말하는 것이다. 이 상호적인 이해, 意思의 連絡이 없으면 共同正犯의 故意가 있다고는 말할 수 없고, 또 다수인의 行爲結合을 생각할 수 없다. 共同하여 犯罪를 실행할 의사가 있음을 요구하니까 過失犯의 共同正犯은 인정할 수 없다. 다수인이 過失로 構成要件에 해당하는 어느 結果를 발생시킨 경우에는 다수의 過失共同正犯으로서 각자의 입장에 상당한 責任을 지게 되는 것이다.[49]

白南檍 敎授도 역시 「共同實行의 意思는 共同으로 犯罪를 실행하는 意思이므로 현행 刑法上 過失犯의 共同正犯은 성립되지 않는다고 이해하는 것이 옳을 것」이라고 말함으로써 犯罪共同說의 입장에서 過失犯의 共同正犯을 부인하고 있다.[50]

---

47) 金容晉, 新刑法講義, 地球堂, 1957. 321面.
48) 鄭暢雲, 刑法學總論, 博英社, 1966. 300面 以下.
49) 白南砲, 刑法總論, 博英社, 1975. 321面 以下.
50) 白南檍, 刑法總論, 文星堂, 1965. 295面 以下.

Ⅲ. 部分的 犯罪共同說

犯罪共同說을 취하면서도 이를 수정하여 部分的 犯罪共同說의 입장을 취하고 있는 학자로 鄭榮錫 敎授가 있다.

鄭 敎授는 犯罪共同說의 입장에서「共同正犯에 있어서 共犯者 각자가 일부의 實行行爲를 하였는 데도 불구하고 전부의 結果의 실현에 대한 責任을 지는 이른바〈一部實行의 全部責任〉의 이유는 각자가 全結果의 실현에 관하여 서로 意思를 連絡하여(상호이해) 이러한 상호이해에 기인한 全結果 실현의 일환으로써 각각 實行行爲의 일부를 분담한 점에 있으나 過失犯에 있어서는 본래 結果의 예견은 없고 따라서 이에 관한 상호이해도 불가능하다고 하겠다.[51] 이러한 犯罪的이 아닌 意思의 連結은 共同하여 犯罪를 실행하는 意思라고 하는 데는 부족할 뿐만 아니라 過失者에 의하여 認識되고 있는 非犯罪的 結果의 실현은 過失犯에 있어서 본질적인 것이 아니므로 이러한 비본질적인 부분에 관하여 意思의 連絡을 論하고 이를 기초로 하여 過失犯의 共同正犯의 成立을 인정하려는 것은 過失犯의 본질에 따른 논의라고는 할 수 없다고 하겠다.…… 따라서 過失共同正犯의 개념을 肯定하는 견해는 그 어느 것이나 過失行爲의 표현적인 面에만 집착하여 그 共同說을 論하려는 것이라고 보인다」[52]고 하면서, 現行刑法으로서는 過失의 共同正犯은 否定된다고 하고 있다.

---

51) 鄭榮錫, "過失犯의 共同正犯" 延世論叢 10卷 1973. 304面 以下.
52) 鄭榮錫, 刑法總論, 法文社, 1987. 253面 以下.

Ⅳ. 共同意思主本說

一定한 犯罪를 실현하려는 목적으로 2人 이상이 同心一體가 되어 超個人的인 共同意思主體를 형성하고 共同意思主體의 활동이 있으면 특수한 社會心理的 현상에 의하여 共同의 團體意思를 실현한다고 하는 共同意思主體說(草野豹一郎에 의해 창시)의 입장을 취하는 학자로는 일본의 齊藤金作 敎授가 있다.

齊藤 敎授는 共謀共同正犯의 근거로서 소개한 草野豹一郎 敎授의 共同意思主體說과 同說에 입각한 判例를 설명한 후, 「이와 같은 判例가 採用한 共同意思主體說의 특색인 점은 기술한 바와 같이 2人 以上의 異心別體인 개인이 일정의 犯罪를 犯한다고 하는 共同目的을 실현하기 위하여 同心一體로 된다고 하는 점에 있고, 따라서 過失犯에 이르러서는 이와 같은 특수한 관계를 고려할 필요가 없기 때문에 共同正犯은 認定할 필요가 없다고 생각하게 된다.

즉 過失犯에 대하여 共犯을 인정할 것인가 하는 질문에 대하여 「法律이 共犯을 規定한 所以는 2人 以上의 者에 있어서 共同目的을 위하여 합일하는 곳에 특수의 사회적·심리적 현상이 생기는 것을 인정한 것이기 때문인 이상 일정의 犯罪는 故意犯일 것을 요한다. 왜냐하면 一定의 目的을 향한 상호양해가 없으면 특수의 社會的·心理的 現象이 생긴다고 하여 특수취급을 할 필요가 없기 때문이다. 따라서 過失犯에는 共同正犯을 인정하지 않는다고 한다.[53]

---

[53] 齊藤金作, 共同判例と 共犯立法, 有斐閣, 1959. 301面.

V. 目的的 行爲支配說

共同正犯은 正犯의 일종이고 正犯이 되려면 故意와 目的的 行爲支配가 있어야 한다고 주장하는 目的的 行爲支配說(Finale Tatherrschaft Theorle)은 독일의 「벨첼」(H. Welzel)교수와 우리나라의 黃山德 敎授에 의해서 주장되고 있다.

먼저 「벨첼」(H. Welzel)은 말하기를 「客觀的으로 보면 法은 전면적으로 社會生活을 하는 모든 사람에게 그의 具體的 態度가 가져올 위험성을 통찰하고 사고하여 자신의 태도를 목적적으로 조종할 것을 요구한다. 각인은 자기의 태도가 法律에 의하여 規定된 어떠한 종류의 有害한 事故의 원인이 되지 않도록 行爲할 의무를 지고 있다……」고 하면서 결국 過失犯의 영역에서는 正犯과 共犯과의 구별을 없애고 「어떠한 종류의 共同原因도 回避可能한 한 모두 正犯이 된다」는 주장을 한다.54) 그러나 過失犯의 構成要件이라는 것을 생각하여 「過失犯의 構成要件에 있어서는 그 발생이 객관적으로 예견될 法益侵害만이 문제가 된다.」고 말하고 있다. 그러나 法이 금한 結果를 야기한 전부가 過失犯의 正犯이 된다는 것은 아니다. 만일, 過失犯에 관하여도 從犯이라는 것을 말한다면 확실히 구별되는 것이다. 現行法의 태도는 過失犯의 從犯을 罰하지 않을 뿐이다. 그렇다고 하여 過失犯等이라 하여 擴張的正犯概念을 승인할 것은 아니라고 주장한다. 이와 같은 이론은 社會生活에 있어서의 注意義務는 각자에게 부여된 것이고 이를 違反하는 過失은 따라서 각자의 문제이며, 共同原因을 부여했다 하여도 正犯이 되는 同時犯에 불과하다

---

54) H. Welzel, Studium Zum System. des Strafrechts, ZStW. Bd 58, 1935. S.81ff.

는 주장으로 해석된다.55)

　다음에 黃山德 教授는 「過失犯은 正犯의 일종이고, 그리고 正犯이 되기 위해서는 犯罪意識(즉 故意)과 그 目的的 行爲支配가 있어야 하므로 過失犯의 共同正犯은 있을 수 없다는 것이 目的的 行爲支配說의 意思, 즉 故意가 있어야 共同正犯은 성립된다고 보므로 역시 過失犯의 共同正犯은 있을 수 없다는 것이 된다.

　그러나 行爲共同說의 입장에서는 行爲를 共同으로 할 意思가 있음으로써 충분하며 故意가 共同임을 필요로 하지 않는다는 것임으로 過失犯의 共同犯은 물론이요, 故意犯과 過失犯 사이의 共同正犯도 성립될 수 있다고 보게 된다.56)

　判例는 처음에 이를 認定하지 않고 있었으나 최근에 「共同正犯의 主觀的 要件인 共同의 意思는 故意를 共同으로 가질 意思임을 必要로 하지 않고 故意行爲이고 過失行爲이고 간에 그 行爲를 共同으로 할 意思이면 족하다고 말하면서 過失犯의 共同正犯도 성립된다고 하였는데(1962. 3. 29 大判) 이것은 行爲共同說과 이론 및 結論이 정확하게 일치하는 것이라고 말할 수 있다.57)

　동시에 이렇게 보면 그것은 共謀共同正犯을 認定한 判例의 입장과 조절이 잘 되지 않는다는 것은 이미 지적한 바와 같다.

　目的的 行爲支配說에 의하면 過失犯의 共同正犯은 認定될 수 없고 그것은 단순히 同時犯이 될 뿐이다. 그러므로 각자의 따져 過失犯 또는 故意犯으로(過失行爲와 共同한 故意行爲의 경우) 處罰될 것이며 結果發生의 원인된 行爲가 판명되지 아니한 때에는 過失行爲의 경우에 한하여 處罰되지 않지만(過失犯의 未遂는 處罰하지 아

---

55) H. Welzel, Das deutsche Strafrecht, 11. Aufl., 1973.
56) 黃山德, 刑法總論, 邦文社, 278面 以下.
57) 上揭書, 279面 以下.

니하므로) 過失傷害行爲에 있어서는 그 모두를 過失傷害罪로 處罰하게 된다」고 설명한다.

「즉 過失犯에는 故意와 目的的 行爲支配가 없으므로 共同正犯은 인정할 수 없다는 취지이다.」[58]

최근에 陳癸鎬 敎授는 「共同正犯이 성립하려면 共同實行의 意思가 있어야 하고, 共同實行의 意思는 正犯이 되기 위한 故意와 그 目的的 行爲支配가 있어야 하므로 過失의 共同正犯은 인정할 수 없고, 그것은 단순히 同時犯이 될 뿐이다」[59]라고 하면서 目的的 行爲支配說을 따르고 있다.

Ⅵ. 過失共同正犯 否定論과 判例 分析

過失犯에 있어서는 共同正犯을 인정할 수 없다는 견해의 논거들을 대략 요약해보면, 過失犯에는 故意가 존재하지 않으므로 犯罪意思의 相互連絡은 있을 수 없다는 犯罪共同說의 입장과 過失犯에는 犯罪라는 共同目的 달성을 위한 특수한 社會的·心理的 現象이 있을 수 없다는 共同意思主體說의 입장, 그리고 過失犯의 본질인 不注意는 無意識的인 人格態度인바 여기에는 共同이라는 것이 있을 수 없다는 共同意思主體說의 입장 및 過失犯에는 行爲의 定型性이 緩和되기 때문이라는 입장 그리고 過失犯에는 目的的 行爲支配가 없다는 目的的 行爲支配說의 입장 등이라 할 수 있는데, 각 입장에 따라 그 論據들을 검토해보면 다음과 같다.

---

58) 黃山棲, "正犯과 共犯", 考試硏究, 1982. 10月號, 40面.
59) 陳癸鎬, 刑法總論, 大旺社, 1987. 454面.

먼저 犯罪共同說에 입각한 견해를 살펴보면, 過失犯에는 構成要件的 結果에 대한 認識 또는 意慾이 없으므로 構成要件的 結果에 관한 主觀的 共同이나 意思의 連絡이 있을 수 없고, 따라서 過失犯의 共同正犯은 있을 수 없다고 하는데, 이는 부당하다 할 것이다. 왜냐하면 構成要件的 結果發生을 예견하였으나 다만 意慾하지 않았을 뿐인 의식 있는 過失에 있어서는 結果發生의 가능성에 대한 共同意識은 충분히 가능하며, 認識없는 過失에 있어서도 結果發生의 가능성에 대한 인식은 없지만 過失犯의 構成要件에 해당하는 行爲, 즉 〈結果發生과 不可分的으로 결합되어 있는〉 過失行爲 자체에 대한 共同認識은 충분히 가능한 것이기 때문이다. 또한 共同正犯을 故意犯에 한해서 인정해야 할 實定法的 根據도 없고, 犯罪共同說에 의하면 〈共同〉의 成立 範圍가 제한받게 되어 共同正犯이 성립하는 경우가 너무 협소하게 되며 구체적인 문제해결에 있어서 그 處罰이 불공평하게 이루어져 불합리하다는 점 등을 진술한 바 있다.

다음으로 共同意思主體說에 의한 견해[60]를 살펴보면, 刑法이 共同正犯을 規定한 目的은 2人 以上의 者가 共同目的을 향하여 협력하는 과정에서 생기는 社會的·心理的 특수현상에 착안하여 그 行爲者 각자에게 발생된 結果 전부의 責任을 지우기 위한 것인데, 過失犯에는 이러한 社會的·心理的 특수현상이 있을 수 없으므로 過失犯의 共同正犯을 인정할 수 없다고 하는데 여기에 대하여도 수긍할 수 없다. 물론 共同正犯의 立法目的인 社會的·心理的 특수현상에 착안한 것이라는 점에 대하여는 異論이 없지만, 過失犯에는 이러한 현상이 있을 수 없다고 한 점에는 찬성할 수 없는 것이다. 즉

---

60) 齊藤, "共同意思主體說と 共同判例" 共犯理論의 研究, 有斐閣, 1951.
   117面.

사람이 어떠한 일을 행할 때 그로부터 발생하는 모든 결과에 대하여 단독으로 책임을 져야 한다는 것을 인식한 경우에는 자기의 行爲로부터 발생될지도 모르는 불행한 結果에 대하여 좀더 세심한 注意를 경주할 것이지만 타인과 함께 行爲한다고 생각할 때에는 前者에 비하여 責任分擔이라는 잠재의식이 작용하여 약간은 注意를 다하지 않을 수도 있다는 점을 쉽게 알 수 있다. 따라서 다수인이 共同認識下에 어떠한 行爲를 하는 경우에는 故意犯에 내재하는 不法을 감행할 수 있는 사회적·심리적 특수현상과는 정도의 차이는 있겠지만 어떻게 共同으로 行爲한다는 認識 속에서 잠재적으로 〈타인 追從的 安易感〉내지는 〈責任轉嫁·責任分擔意識〉이작용하여 그들의 共同行爲로부터 발생될지도 모르는 過失的 結果에 대하여 일반적으로 사회에서 요구하는 예견 및 結果回避義務를 소홀히 할 가능성이 증대되는 것이며, 따라서 過失的 結果는 개인의 行爲에서 보다 다수인의 共同行爲속에서 더욱 쉽게 발견할 수 있는 것이다.61)

犯罪發生을 보다 용이하게 하는 사회적·심리적 특수현상은 故意犯에 있어서는 表面的·顯在的이지만 過失犯에 있어서는 裏面的·潛在的 이라는 차이는 있어도 그러한 현상이 존재한다는 점에 있어서는 故意犯과 過失犯 간에 차이가 있을 수 없는 것이다.

그리고 行爲의 定型性이 완화되기 때문이라고 하는 견해62)를 살펴보면, 過失犯에는 故意犯에 있어서와는 달리 그 行爲의 定型性이 완화되므로 일반적으로 요구되는 注意義務에 違反하여 過失的 結果를 야기한 者는 각자를 正犯으로 논하면 족하고 구태여 共同正犯의 이론에 대한 수정적 構成要件을 생각할 필요가 없다고 하는데, 故意犯에 있어서는 構成要件的 結果를 초래한 모든 行爲가 構成要件

---

61) 齊藤, 「共同意思主體說と 共犯判例」 共犯理論の 研究, 177面.
62) 井上正治, 判例におろわれた 過失犯の理論, 1968. 315, 323面 以下.

에 해당하는 것이 아니고 그중에서 결과의 발생에 대하여 客觀的으로 요구되는 注意義務를 다하지 못한 경우, 즉 過失이 있는 경우만이 構成要件에 해당하는 行爲가 되는 것이므로, 아무리 結果發生과 불가분의 관계에 있는 行爲라 할지라도 그 行爲에 違法性, 즉 過失이 없으면 그 行爲는 過失犯의 構成要件 該當行爲로서의 定型性을 결여하게 될 것인바, 비록 그러한 범위 내에서 行爲의 定型性은 완화되는 것이지만 過失行爲로서의 定型性은 존재하는 것이고, 하나의 行爲가 완전한 犯罪로 성립하기 위해서는 그 行爲가 構成要件에 해당하고 違法하고 有害한 것이라야 하는데 過失犯이라고 해서 예외가 될 수는 없는 것이며, 또한 이미 살펴보았던 것처럼 過失犯의 同時犯과의 사이에 구별의 實益이 있는 점으로 보아 이 견해도 찬성할 수 없다.

한편 無意識的인 人格態度에는 共同이 있을 수 없다는 견해[63]를 살펴보면, 過失犯의 本質은 不注意이고 이 不注意는 意識作用이 아니라 無意識的인 人格態度이므로 이에 대한 共同은 있을 수 없고, 따라서 過失犯에는 共同正犯이 있을 수 없다고 하는데, 이 견해에서 過失犯의 본질을 不注意라고 본 것은 過失犯의 본질을 정확히 간파한 것이라 할 수 있겠지만 不注意는 無意識的인 人格態度이니 이에 대한 共同은 있을 수 없다고 하는 점에 대하여는 문제가 있다. 즉 過失行爲의 본질은 不注意인데 이 不注意가 원인이 되어서 構成要件的 結果의 불인정이라고 하는 것이 성립되지만, 이 不注意라는 것은 추상적으로 존재하는 것이 아니라 일정한 具體的 行爲에 不可分的으로 결합되어 현실에 존재하는 것이기 때문에, 過失犯이 無意識的이라는 것은 故意犯에서와는 달리 構成要件的 結果를 인식

---

63) 團藤, 前揭論文, 80面.

하지 않았다는 의미에 있어서 無意識的인 것이지 過失行爲 자체가 전적으로 無意識的인 行爲라는 의미는 아니라 할 것이며, 過失犯의 본질적 요소인 不注意를 포함하고 있는 意識的인 行爲部分을 기초로 하여 過失犯의 共同正犯을 論하는 것이 過失犯의 본질에 부응하는 이론이 된다 할 것이다. 그리고 不注意라는 것은 人格態度이며 이러한 人格態度에 있어서는 共同이란 있을 수 없다고 하는 점에 대하여도 찬성할 수 없다.

왜냐하면 不注意라는 계기를 포함하고 있는 具體的 行爲를 數人이 共同으로 하는 경우에는 전술했던 바와 같이 각 行爲者는〈依他的·他人追從的 安易感〉이라든가〈責任轉嫁 내지 責任分擔〉이라는 心理的 過程을 통하여 具體的 行爲에 지나게 되는 것이기 때문이다.

過失共同正犯을 부정하는 학설은 目的的 行爲支配說을 제외하고 부정하는 입장에서는 본 연구는 입장과 그 궤를 같이 하나 構成方法에 있어서 모두가 잘못을 범하고 있어 취할 바가 되지 못한다.

다음에 過失共同正犯을 부정하는 獨逸의 判例를 살펴보면 다음과 같다.

獨逸判例 가운데 過失犯의 共同正犯에 관한 成否問題를 정면으로 다룬 것은 발견할 수 없다. 다만 운전사에게 술을 팔아 취중운전으로 인하여 사람을 致死시킨 事件의 獨逸聯邦最高法院(B.G.H)判例 및 一人의 失火에 타인이 가담한 事件의 獨逸라이히裁判所(R.G)判決 등에서 각각 過失犯에 있어서는 共同正犯이 성립되지 않음을 당연한 전제로 하고 있는 듯하다. 여기서는 학자들 간에 過失犯의 共同正犯과 관련하여 소개되는 몇 가지 判例만을 살펴보기로 한다.

獨逸聯邦最高法院은 여인숙 주인이 그의 단골손님인 자동차운전사에게 술을 팔아 그 運轉士로 하여금 만취케 하여 그 運轉士가 취중에 運轉을 함으로써 사람을 致死케 한 事件의 判決에게 「장시간 滿留한 運轉士에게 술을 먹게 하여 運轉을 不能케 한 여인숙 주인은 그녀의 손님과 自動車運轉을 한다는 것과, 그 運轉士가 飮酒運轉의 前科가 있다는 것 및 그녀가 하려고 하였다면 경찰에 連行하여 발생된 危險을 회피할 수 있다는 것을 알고 있었기 때문에 여인숙 주인은 술 취한 상태하에서는 운전을 못하도록 할 義務가 있는 것이며, 따라서 술 취한 運轉士가 같은 시민의 신체·생명을 위협함을 義務에 違反하여 방치한 것이다」고 한 후에 「다수인은 이러한 形法的 結果－일 경우는 사람의 致死와 傷害－를 여러 가지 방법에 의하여 共同으로 야기할 수 있다. 즉 한 사람은 금지된 行義(만취)를 함으로써, 다른 한 사람은 義務違反的不作爲(경찰에의 不連絡)를 함으로써 刑法的 結果를 야기할 수 있다. 그들은 相互理解下에 行爲하였으나 각자의 내부적 입장에 따라 正犯 혹은 共犯이 된다. 그들은 결합하여 혹은 단독으로 結果를 야기한 원인으로 보이는 條件을 각자 독립하여 부여했기 때문에 同時犯의 한 경우가 된다」[64]고 하고 있다.

라이히 最高法院은 정신병원의 監護人 B가 그녀의 服務規定을 위반하여 다른 監護者를 병실에 남겨놓지 않고, 병실을 떠남으로 해서, 그리고 浴室의 監護人 W는 浴室의 문을 항상 닫이 놓이야 하는 服務規定을 違反하여 개방해 놓음으로 해서 평소 自殺衝動에 시달리고 있는 不治의 精神病者 J가 병실에서 나와 욕실로 들어가 수돗물을 이용하여 窒息死하였던 事件의 判決에서, 「……精神病院의 監護人 B는 精神病者 J가 自殺衝動에 시달림으로 해서 특별실에 거주함을 알고 있지만 다른 監護人 W는 그렇지 못하였다고 하더라

---

64) B.G.H. 4. 20. 1953. 1. 23. 判決.

66

도 精神病者의 行爲는 民法上으로나 刑法上으로나 자유로운 意思行
爲로 파악되지 않기 때문에 精神病者 J가 故意로 죽으려했는가 아
닌가 하는 점은 문제가 되지 않으며, 그의 죽음에 다른 事件이 共
同作用해도 過失結果 간에 因果的共同을 인정할 수 있으면 그러한
상황하에서 結果에 대한 예견가능성이 있느냐 없느냐가 문제될 뿐
이다」고 한 후, 「……그러한 義務違反이 없으면 사망이란 발생하지
않았을 것이며, ……監護者들은 전적으로 혹은 부분적으로 환자를
危險으로부터 보호하지 못하다는 것과 監護者들은 경험상 환자의
監護上의 결함이 환자의 신체적 안정에 관하여 얼마나 좋지 못한
結果를 가져왔나 하는 것을 잘 알고 있었다…… 따라서 被告人들은
精神病院에서 그들 監護者에게 부여한 義務에따른다면 그들의 義務
違反의 可能的 結果로서 병원에 있는 精神病者 中 一人의 죽음을
예견할 수 있었다……」고 함으로써 被告人들에게 過失致死를 인정
하였다.65)

라이히 最高法院은 1901年 1月 11日의 判決에서 「抗訴人은 극장
에 가서 外衣를 벗어 衣類保護所에 맡겼는데 그 外衣의 옆주머니에
는 실탄이 장진되어 있으나 안전장치를 하지 않은 권총이 들어 있
었으며, 整理係에서 근무하는 여인이 그 外衣를 整理하려고 테이블
위에 놓았을 때 권총이 바닥에 떨어지게 되었던바, 이때 옆에 있던
수위 K가 총을 집어서 실탄이 장진된 줄 모른 채 관리인 M의 가
슴을 겨누고 激發시킴으로써 관리인 M이 즉사하였던 事件」에 대하
여 모두 過失致死罪로 有罪判決을 내렸는데 그 이론적 근거는 분명
하지 않으나 同時犯으로 본 듯하다.66)

이상과 같은 獨逸의 判例는 目的的 行爲支配說의 입장에서 過失

---

65) R.G. 7.332, 1882年 12月 18日 判決.
66) R.G. 34.91, 1901年 1月 11日 判決.

共同正犯을 否定하고 同時犯으로 보는 기본태도를 실제적으로 증명해주는 좋은 증거라고 생각하고 過失共同正犯을 否定하는 本 研究는 입장을 判例로서 대신해 주는 좋은 자료라 할 수 있다.

第4節 過失共同正犯論의 再構成

以上과 같이 過失의 共同正犯에 관한 諸學說을 檢討하였지만 肯定說·否定說을 막론하고 그 主張의 根據가 충분하다고는 생각되지 않는다.

먼저 肯定說의 견해를 간단히 요약해보면 다음과 같다. 첫째 行爲共同說은 共犯이란 數人이 行爲를 共同하여 各 者의 犯罪를 실현하는 경우로서 行爲를 共同한다 함은 自己가 意圖하는 犯罪를 實現하기 위하여 他人의 行爲를 이용하는 것이라 한다. 따라서 共同正犯의 主觀的 要件인 共同加功의 意思도 行爲를 共同할 意思, 즉 他人의 行爲를 利用할 意思이면 되고 반드시 故意여야 할 필요는 없다고 본다.[67] 둘째, 共同行爲主體說은 共同行爲主體가 成立되면 이 意思를 實現하는 行爲라고 認定되는 範圍 內에서는 行爲者들에게 過失의 責任을 물을 수 있다고 본다.[68] 셋째, 機能的行爲支配說은 各行爲者의 行爲支配가 犯罪實現의 全體計劃에 機能上 不可不離하게 役割分配되어 共同作業을 하고 있을 때 共犯이 成立한다는 이론으로서, 機能的行爲支配의 共同이 있는 限 過失犯의 共同正犯도 認

---

67) 李建鎬, 前揭書, 182面.
68) 劉基天, 前揭書, 288面.

定할 수 있다고 한다.[69] 그러나 이러한 肯定說은 前述한 바와 같이 過失이 共同에서 「一部實行 全部責任」이라는 共同正犯固有의 效果가 發生하는 基礎가 무엇인가에 대한 적극적인 규명이 不足하고 共同正犯의 主觀的 要件인 共同實行의 意思는 行爲者가 相互의 協力에 의해 犯罪事業을 實行하는 意思를 意味하는바, 過失犯에 있어서는 前構成要件的 社會的事實의 共同이라는 것은 認定될 수 있어도 共同으로 犯罪事實을 實現하는 意思는 過失犯의 注意義務의 內容이 犯罪事實의 認識내지 認容의 缺如에 의한 豫見義務 및 回避義務의 違反에 있다고 하고 理論的으로 認定될 수 없다. 따라서 過失犯의 共同正犯을 肯定하는 見解에는 찬성할 수 없다.

다음에 否定說을 취하는 學者들의 見解를 類型的으로 간단히 살펴보기로 한다. 첫째, 犯罪共同說은 共犯은 數人이 共同하여 特定犯罪를 實現하는 경우로서, 共同正犯의 主觀的要件인 共同加功의 意思는 特定한 1個의 犯罪에 대한 故意가 相互間에 存在하는 것 즉 故意의 共同을 뜻한다고 본다. 따라서 共同正犯은 共同者에게 故意의 共同을 요하므로 故意의 共同이 없을 경우에는 共同正犯은 成立될 수 없으며 따라서 過失의 共同正犯은 認定할 수 없다고 한다.[70] 둘째, 共同意思主體說은 共同意思主體란 一定한 犯罪目的이고, 社會的·心理的現狀은 특히 故意犯인 경우에 의의를 갖는 것이므로 共同正犯은 故意犯에게만 認定하여야 한다고 본다.[71] 셋째, 目的的 行爲支配說은 共同正犯이란 正犯의 일종이고 正犯이 되기 위해서는 故意와 그 目的的 行爲支配가 있어야 함으로 過失의 共同正犯은 있을 수 없다고 본다.[72] 넷째, 獨逸의 通說的 見解에 의하면 共同正犯

---

69) 沈在宇, 前揭論文, 37面.
70) 鄭榮錫, 前揭書, 253面, 朴貞根, 共同正犯, 司法行政, 1966. 8. 16面.
71) 齊藤, 前揭書, 102面 以下.

은 犯罪的 結果를 指向하는 意識的·意慾的·共同이므로 故意犯에
만 문제되는 것이고 意識的·意慾的·共同이 없는 過失犯은 단순한
同時犯에 지나지 않는다고 하여 共同正犯의 主觀的要件을 中心으로
過失의 共同正犯을 檢討하고 있다.73) 그러나 그렇게 하면 이번에는
무엇 때문에 共同正犯에는 故意의 共同을 必要로 하는가의 理由說
明이 있지 않으면 안 되는데 否定說의 경우는 이러한 것이 不足하
다. 그리고 過失의 共同正犯을 否定하는 者들은 肯定하는 者들로부
터「共同正犯＝故意犯」이라는 도식에서 벗어나지 못하고 있다는 비
난을 면하기 어렵다. 다만 否定說 중에서 共同正犯의 主觀的要件을
中心으로 同時犯과 관련하여 過失의 共同正犯문제를 고찰하는 獨逸
의 通說的 見解의 態度와 正犯의 문제를 통해서 過失共同正犯을 解
決하는 目的的 行爲支配說의 態度는 몇 가지 短點이 있음에도 不拘
하고 비교적 過失共同正犯의 문제를 단편적이나 올바르게 把握한
見解라고 할 수 있다.

한편 判例의 태도를 잠시 일견해보면 다음과 같다. 먼저 獨逸의
判例는 시종일관하여 過失共同正犯을 否定하고 있으며, 日本의 大
審院判決도 종래까지는 否定하여 왔으나 戰後 最高裁判所는 有毒飮
食物등 取締令違反事件에서 이를 肯定하는 態度로 바뀌었다. 우리
나라 大法院은 처음에는 否定說을 취하였다가 1962년부터 대도를
바꾸어 行爲共同說의 立場에 서서 계속해서 肯定說을 취하고 있다.
그런데 過失共同正犯을 肯定하는 判例는 肯定說에서 지적하는 같은
이유로서 찬성할 수 없다. 그리고 이를 否定하는 獨逸의 判例는 過

---

72) 黃山德, 前揭書, 272面.

73) M. E. Mayer, Strafrecht, AT. 2 Aufl., S 382f; Liszt/Schmidt, 26,
Aufl., S.336f; Sauer, Allg, Strafrechtslehre 3 Aufl., S.219; H. H.
Jescheck, Lehrbuch, S.553f.

失共同正犯을 否定하는 本 硏究의 입장을 실제적으로 증명해 주는 좋은 증거라고 생각한다.

그런데 過失共同正犯의 문제는 어느 한 가지만을 단편적으로 硏究해서는 문제가 解決될 수 없는 복잡성을 지니고 있다. 그리하여 肯定說을 批判하는 次元에서의 過失犯이론 고찰과 共同正犯의 主觀的要件을 中心으로 同時犯의 문제와의 관련 檢討를 그 根據로 내세우는 獨逸의 通說的 見解 및 正犯論검토에 핵심을 두고 있는 目的的 行爲支配說의 態度를 綜合 合一하는 態度로서 문제를 해결해야 할 것이 요청된다.(이미 서론에서 지적했듯이).

생각건대 이 過失共同正犯論을 가장 명쾌하게 解決해 주는 方法은 行爲共同說, 機能的行爲支配說, 犯罪共同說, 共同意思主體說, 判例理論들이 아니고 많은 短點이 있지만 그런대로 문제의 핵심을 잘 파악하여 結論을 도출해내는 目的的 行爲支配說이 아닌가 한다. 그러면 지금부터 다음의 몇 가지 문제점을 檢討함으로써 새로운 過失共同正犯論을 전개하고자 한다.

첫째, 正犯論檢討이다. 즉 過失共同正犯의 문제는 第3章에서 後述하는 바와 같이 正犯의 槪念을 어떻게 보는가에 따라 그 結論을 달리하게 된다. 그러나 이제까지는 過失共同正犯에 관한 문제는 刑法 第30條의 해석에 의한 무엇을 共同으로 하는가에 문제에만 논점이 주어졌고 共同正犯의 解釋의 根本이라 할 수 있는「正犯의 槪念」에 대해서는 등한시 하였다. 따라서 正犯과 共犯의 區別理論 중에서 目的的 行爲支配說을 찬동하며 이에 의할 때 過失犯의 共同正犯은 認定할 수 없다는 結論이 도출되게 된다.

둘째, 過失犯에 관한 機能的 構造的 考察이다. 過失犯의 共同正犯에 관한 문제는 正犯의 基礎理論 특히 目的的 行爲支配說의 입장에

서 過失犯의 本質, 注意義務의 構造分析과 共同正犯의 成立要件과
유기적 관련 속에 理論的으로 決定되어야 한다.

셋째, 共同正犯의 本質과 同時犯의 考察이다. 共犯의 特殊性은 主
觀的인 면에서 意思의 강화작용으로 나타나고 客觀的인 면에서 行
爲의 利用, 보충작용으로 나타나는 것이므로 우리의 刑法上의 規定
을 主觀的이나 客觀的立場의 어느 하나만에 의하여 획일적으로 說
明하는 것은 不可能하다고 생각한다. 따라서 主觀的立場과 客觀的
立場을 綜合한 目的的 行爲支配說의 입장에서 볼 때 過失共同正犯
은 同時犯으로 處罰하면 족하다.

이와 같은 점을 綜合的으로 판단해볼 때 결국 過失犯에는 故意와
目的的 行爲支配가 없으므로 共同正犯을 認定할 수 없고 同時犯으
로 처리하면 된다는 것이 筆者의 見解이며 이를 肯定하는 判例와
學說은 妥當하지 않다고 하겠다.[74]

이제부터 過失共同正犯을 否定하는 입장, 그리고 目的的 行爲論
의 입장에서 이를 구명하는 論證의 方法으로 使用하고 있는 正犯論
考察, 過失犯考察 및 同時犯문제 등을 차례로 통찰해보기로 한다.

---

74) 同旨, 黃山德, 前揭書, 268, 269面 參照.

第3章

正犯과 共犯의 理論傾向 및 그의 區別標準

第1節 共犯理論의 時代的 背景

正犯과 共犯의 관계는 어떠하며 그것들은 서로 어떻게 구별될 것인가. 이것은 刑法學에서도 풀기 어려운 問題로 인정되고 있고 따라서 學者들의 의견도 여러 갈래로 갈라져 있다. 正犯槪念을 확정하고, 그에 따라 다양한 關與形態를 限界짓고자 할 때에 먼저 기본이 되는 觀點의 接近方法을 모색할 필요가 있다. 따라서 犯罪論體系 중에서 正犯과 共犯의 區別問題도 哲學觀의 思想的 變遷에 민감하게 영향을 받아온 부분 중의 하나이므로, 그 時代的 變遷에 따른 正犯理論을 중심으로 正犯과 共犯의 區別理論의 方法論的 出發點을 살펴보기로 한다.

첫째, 近代 刑法學의 傳統的 思考方法은 犯罪槪念의 因果論的 構築에 있었다. 특히 19세기 후반의 自然科學의 發達은 實證主義的 思考方法을 제시하게 되고 이에 따라 因果萬能의 사싱이 지배하게 되었다.[1]

因果的 正犯論(Kausale Täterlehre)은 이러한 自然主義的 實證主義 (Naturalistischer Positivismus)를 理論的 背景으로 모든 法的現象을 단순한 因果的 經過와 다양한 因果的 關聯으로 제한하는 입장이다.[2]

---

1) 鄭盛根, 共謀共同正犯論에 關한 硏究(博士學位論文, 成均館大學校大學院, 1979), 90面.
2) C. Roxin, Täterschaft und Tatherrschaft, 4 Aufl. (Berlin, water de

즉 「비르크마이어」(Birkmeyer)는 共犯理論은 因果關係論을 그 學問的 基礎로 가지고 있다고 한다.3) 이 理論에 따르면 刑法上 하나의 犯罪에 관여한 다수인들이 結果惹起에 있어서 因果的으로 共同作用하였는가의 여부만을 문제로 삼으며, 因果關係의 정도에 따라 原因說4)과 條件說5)로 나누어진다. 즉 個別 關與形式을 여러 가지 惹起方法에 따라 분류하는 原因說과 하나의 結果에 대한 모든 論理的 條件들을 同質的인 것으로 보는 條件說의 立場이 그것이다.

따라서 正犯·共犯의 區別에 관한 主觀說은 條件說에 기초를 둔 主觀的共犯論의, 그리고 實質的 客觀說은 原因說에 기초를 둔 客觀說의 理論的 무기이다.6) 그러나 이와 같은 因果的 正犯論은 外部的인 事件經過의 關聯을 명백하게 할 수 있지만, 그러한 關聯의 法的인 意味에 관하여는 아무런 언급도 하고 있지 않으므로 意味盲目的이고 價値盲目的(Sinn-und wertblind)인 理論이라는 批判을 면치 못한다.7)

둘째, 因果萬能의 自然科學的 考察은 19세기 刑法學을 因果關係論으로 發展시켰으나 20世紀에 들어오면서 刑法學은 돌연히 自然科學的 實證主義에서 탈피하여 新Kant學派의 價値哲學(Wertphilosophie)에 결정적인 영향력을 받으면서 目的論的 正犯論(teleologische Täterlehre)으로 결정하게 되었다.8) 이 理論에 의하면 法的 現象을 文化科學의 槪念

Gruyter 1984), S.4. 5.

3) 孫海睦, "빌크마이어의 共犯論", 月刊考試, 1982. 12月, 22面; C. Roxin, Täterschaft und Tatherrschaft. S.5.

4) 孫海睦, 前揭論文, 23面.

5) C. Roxin, a, a, O., S.5; 沈憲燮, "共同正犯과 機能的行爲支配", 考試硏究, 1975. 9月, 56面.

6) C. Roxin, a, a, O., S.5; Schönke/Schröder/Cramer, StGB, Vor §§ 25 ff. Rn 67. 1982. S.333ff.

7) C. Roxin, a, a, O., S.7.

形成(Kulturwissenschaftliche Begriffbildung)의 産物로서 考察하여 因果的으로 동일한 것이라도 目的論的으로 다르게 評價할 수 있다고 한다.9) 따라서 Mayer 이래 Mezger는 正犯과 共犯의 여러 形態別 구별의 경우 개별 行爲寄與에 대한 法律的·規範的 評價(Juristischnormative Bewertung)를 통해서만 얻어질 수 있다고 한다.10) 이러한 立場에 속하는 것으로서 形式的 客觀說을 들 수 있으며, 擴張的 正犯槪念11)도 여기에 그 出發點을 두고 있다.

셋째, 哲學과 法學에서 新Kant學派의 理論을 극복함으로써, 우선 法素材(Rechtsstoff)를 評價的 槪念으로서 形態없는 材料變形의 單純한 結果(bloße Ergebnis der Umformung eines gestaltlosen Materiale)로서 파악하는 것을 否定하고, 法素材로부터 발견된다고 여겨지는 秩序原理가 이미 法에 의해 規制된 事物領域에서 찾을 수 있다고 하는 存在論的 正犯論(Ontologische Täterlehre)12)이 등장하였다. 따라서 正犯과 共犯의 形態를 그 事物論理的 構造에 의해 法律的 評價에 앞서 일정한 內容을 지닌 生活現象의 記述로 보고 있으며, 이 理論은 Welzel에 의하여 定着되었고, Dahm과 Hardwig도 기본적으로 同一한 입장에 서 있다.13) 특히 Wezel은 目的的 行爲配說의 立場에서 存在論的 目的的 行爲槪念을 提唱하였으며, 行爲의 本質을

---

8) 특히 Rickert의 方法論的 업적과 Lask의 法哲學에서 영향을 받았다.(Roxin. a, a, O. S.8)
9) C. Roxin, Taterschaft und Tatherrschaft, S.8.
10) E. Mezger, Lehrbuch, 2. Aufl. S.444.
11) 擴張的 正犯槪念은 1930年 Eb.Schmidt의 論文 間接正犯(Die mittelbare Täterschaft)에서 처음 提昌되었는데 이는 正犯槪念에 관해 規範的 構成을 시도한 견해에 속한다.
12) C. Roxin, a, a, O., S.16.
13) 沈憲燮, 共同正犯과 機能的行爲支配, 考試研究, 1974. 9月號, 56面, C. Roxin, Täterschaft und Tatherrschaft. S.14.

目的的인 人間의 意思에 의한 因果過程의 操縱으로 이해하고 그러한 目的的 實行意思 즉 行爲支配(Tatherrschaft)를 가진 者만이 正犯이라고 한다.14)

正犯에 대한 歷史的 態度變化를 方法論的 多樣性에 따라 살펴보았지만 正犯과 共犯의 區別은 어떠한 方法論에서 出發해야 하는가는 어느 일면에만 따라서 대답할 수 없는 問題이다.

왜냐하면 存在(Sein)에서 當爲(Sollen)를 모두 이끌어 낼 수 없는 것과 마찬가지로 當爲規範은 存在所與에 전적으로 제약되는 것은 아니며, 반면에 實定法이 法律的 萬能으로부터 탈피하려면 事物의 本性(Natur der Sache)에 기초를 둔 事物論理的 構造(Sachlogische Strukturen)도 고려하지 않으면 안 되기 때문이다.15) 따라서 因果論的 考察方法의 탈피와 아울러 目的論的 考察方法과 存在論的 考察方法의 조화가 요청된다.16)17)

---

14) H. Welzel, Das deutsche Strafrecht, 11 Aufl., S.33f. S.89f.; 鄭盛根, 共謀共同正犯論에 관한 硏究, 成均館大學校大學院 博士 學位 論文, 1979. 102面.
15) C. Roxin, a, a, O., S.20ff; 沈憲燮, 前揭論文, 57面.
16) 同旨 C. Roxin, a, a, O., S.20ff; 沈憲燮, 前揭論文, 57面; 申洋均, 正犯과 共犯의 區別, 考試界, 1983. 7月. 184面.
17) 특히 Roxin은 存在論的·社會的 正犯論(ontologische-soziale Täterlehre)을 기초로 하여 의미파악적이고 目的設定的 考察方法의 合一形態(Synthese Sinnerfassender und zwecksetzender Betrachtungsweise)로서의 正犯概念을 제시하고 있다.(C. Roxin, Täterschaft und Tatherrschaft, S.25~32)

第2節 共犯立法의 最近傾向

正犯에 관한 各國의 立法傾向은 大別하여 二重의 理論體系가 있다.[18]

첫째는 正犯과 共犯을 區別하는 體系로서 傳統的인 刑事立法의 原則的 立場이다.[19] 즉, 原則的으로 正犯을 基本으로 하면서 正犯을 敎唆하는 者를 敎唆犯, 正犯을 방幇助하는 者를 從犯이라 하고, 敎唆犯과 從犯의 形은 正犯의 刑을 기본으로 규정하는 形式을 취하고 있다. 특히 共同正犯의 處罰에 대하여 從犯의 處罰은 必要的 減輕主義를 취하는 경우가 많다.[20] 이러한 體系에 속하는 代表的 立法例를 들면, 獨逸刑法 第25條 以下, 1950年의 희랍刑法 第45條 以下, 1937年의 스위스刑法 第47條 以下, 日本刑法 第60條 以下 등이 있으며, 韓國刑法도 第30條 以下에서 共同正犯·間接正犯·敎唆犯·從犯으로 나누어 규정하고 있다.

이에 대하여 또 다른 이론체계는 單一正犯概念(Einheitstäterschaft)을 인정하는 체계로서 이는 犯罪에의 寄與度에 따른 다양한 共犯形態를 區別하지 않고 犯罪行爲에 대한 모든 關與者를 包括的·統一的으로 이해하고(一元的 體系), 個個의 關與者의 處罰은 關與의 性質과 정도에 따라 刑의 量刑時에 고려하는 體系이다.[21]

---

18) 任雄, "共同正犯과 從犯의 區別", 考試界, 1983. 2月, 39面, 齊藤金作, 共犯判判と 共犯立法, 東京, 有斐閣, 1959, 139面 以下.: C. Roxin, Täterschaft, Leipziger Kommentar. 10 Aufl. S.5ff.

19) 關與形態의 差等的 취급에 대한 共犯理論의 완성은 중세 이태리 刑法學에서부터 유래한나.

20) 韓國刑法 第32條, 日本刑法 第63條, 獨逸刑法 第27條 등.

21) 任雄, 前揭論文, 40面; 齊藤金作, 共犯判例と 共犯立法, 1959, 140面;

결과적으로 狹義의 共犯인 敎唆犯·從犯 등을 모두 正犯으로 보는 立場으로서 正犯과 共犯의 區別을 否定하게 된다.[22] 이것은 무엇보다도 多樣한 共犯形態를 區別하는데 오는 難點을 理論의 單純性을 통해서 해결한다는 點과 실제적인 결과에 있어서 判例가 單一正犯槪念에 接近한다는 點에서 그 근거를 찾고 있다.[23] 이러한 單一正犯槪念을 취하고 있는 立法例는 오스트리아刑法(1975. 1. 1. 시행), 1930年의 이태리刑法 第110條 以下, 1939年의 덴마크刑法 第27條, 1940年의 브라질刑法 第25條, 1960年의 러시아刑法 第17條, 美國規範刑法典, 1942年 美루지아나州刑法 第24條 등이며[24] 獨逸의 秩序違反法(Gesetz uber Ordnungswidrigkeiten) 第14條에도 도입하고 있다.[25]

그런데 單一正犯槪念은 構成要件實現에로의 모든 因果的 寄與를 同一化시킴으로써 構成要件의 限界를 破棄하고 있다.[26] 그리고 自手犯과 身分犯에 있어서 關與者가 스스로 行爲를 하지 않았거나, 正犯適格이 없는 경우에도 단지 共同實現의 因果關係로 인하여 正犯으로 고려된다는 모순이 생기게 되며, 法益侵害와 관련하여 結果不法이 問題되지 않는 單純擧動犯의 正犯性을 인정하기 어려운 점이 있다.[27] 더 나아가서 單一正犯槪念은 敎唆犯과 從犯의 減輕된

C. Roxin, Täterschaft und Tatberrschaft, Leipziger Kommentar, S.5.

22) 單一正犯槪念은 共犯獨立性說과 同一한 思想에 입각하고 있다고 한다 (廉政哲外, 新稿刑法總論, 서울, 邦文社, 1980. 328面).

23) C. Roxin, Leipziger kommentar, S.5.; J. Wessels, Strafrecht, AT. 13 Aufl. S.125.

24) C. Roxin, a, a, O., S.8f.

25) J. Wessels, Strafrecht AT. 14 Aufl. (Heidelberg, C.F Müller. 1984), S.125ff.

26) C. Roxin, Leipziger kommentar, S.6.

27) 申洋均, 前揭論文, 147面 以下.

刑罰範圍의 可能性을 排除하기 때문에 共犯의 未遂가 正犯의 未遂처럼 처벌되어야 한다는 可能性의 원치 않는 擴張을 가져온다.[28) 또한 單一正犯槪念이 기대되는 理論의 單純化는 이 見解의 代表者인 Kienapfel의 機能的 單一正犯槪念을 통한 間接正犯의 形態區分으로 인하여 설득력을 이미 잃고 있다.[29) 따라서 現行刑法이 刑罰의 範圍를 行爲者의 危險性을 기준으로 하지 않고 行爲 自體에 따라 정하는 입장에 선다는 점과 이상의 批判 등을 고려한다면 單一正犯槪念은 취할 바가 못 된다고 할 것이다.[30)

第3節 正犯과 共犯의 區別理論

Ⅰ. 區別에 관한 學說史 槪觀

우리 刑法은 共同正犯(第30條), 敎唆犯(第31條), 從犯(第32條),

---

28) C. Roxin, Leipziger Kommentar, S・6; 木村龜二, 犯罪論의 新構造 (下), 1969. 73面 以下.

29) Kienapfel은 構成要件該當的인 犯行에 共同實現의 가능한 모든 形態를 正犯으로 定義하는 形式的 單一正犯體系와 特定한 正犯形態를 區別하여 그것을 적절하게 刑罰範圍에 따라 同一化시키는 機能的 單一正犯體系(funktionales Einheitstäter system)를 區別하고 있다. 그리하여 Kienapfel은 우선적으로 直接正犯과 間接正犯을 區別하는 機能的 單一正犯槪念을 취하면서, 內的으로 間接正犯을 다시 惹起正犯(Veranlassung staterschaft)와 幫助正犯(Unterstutzung staterschaft)로 區分하고 있다.(Roxin, Leipziger kommentar, S.6; A.kienapfel, Das Prinzip der Einheitstäterschaft, JuS.1974)

30) Vgl. C. Roxin, Leipziger kommentar, S.6.

間接正犯(第34條)을 각각 區分하여 條文化해 높고 있으므로 이에 대한 區別標識를 찾아내어 實定法의 適用을 바로 하는 것이 罪刑法定主義의 要求事項이라 할 것이다.[31] 刑法條文을 解釋하는 者의 觀點에 따라 正犯이 共犯이 되기도 하고 共犯이 正犯으로 되기도 한다면, 罪刑法定主義의 要求는 充分하게 이루어질 수 없기 때문이다. 그리고 共犯의 槪念은 正犯의 그리고 共犯의 槪念은 正犯의 그것을 어떻게 정하는가에 따라 反射的으로 規定될 수 있으므로 正犯槪念이 共犯理論上 차지하고 있는 비중은 상당히 큰 것이라고 말할 수 있으며, 이러한 事情을 가리켜 「마후라흐」(Maurach)는 우선적인 正犯槪念確定을 「正犯槪念의 優位性」(Apriorität des Täterbegriffs)이라고 부르고 있다.[32] 여기에 正犯과 共犯의 區別理論을 考察하는 理由가 있다 하겠다.

한편 正犯과 共犯의 區別에 관한 學說은 오랜 세월을 두고 끊임임 없이 論議되어 왔으며, 그 수 또한 무한히 많다. 그래서 1910年에 칸트로비츠(Kantrowicz)가 「正犯論은 刑法에서 가장 혼란스럽고 어둠에 뒤덮여 있는 章이다」라고 말한 점[33]은 이를 잘 表現해 주고 있다. 그때로부터 近1世紀가 지난 오늘에 와서도 이 章의 어려움은 의연히 남아 있는 것이다.

이러한 正犯과 共犯의 區別을 전제로 하면서 그 區別基準에 관해

---

31) 同旨, 沈在宇, "正犯과 共犯의 區別", 刑事法講座Ⅱ, 서울, 博英社, 1984, 634面.

32) 任雄, 前揭論文, 39面; 李在祥, 刑法新講(總論Ⅰ), 博英社, 1984. 301面; Maurach, Das Deutsche Strafrecht, AT. Ein Lehrbuch, (Karlsrube, C. F. Müller, 1954), S.510; C. Roxin, Täterschaft und Tatherrschaft, S.27.

33) H. Kantrowicz, Der Strafgesetzertwunf und die wissenschat; Monatsschrift für kriminologie und strafrechtsreform, 7, Jahrgang, 1910. S.306. (沈在宇, "正犯과 共犯의 區別", 634面)

서는 學說의 대립이 심각하게 展開되고 있었다. 먼저 獨逸學說을 중심으로 살펴보면 19世紀 초반부터 主觀說과 客觀說이 우세하게 대립하고 있었다.[34] Buri에 의한 意思說은 당시의 獨逸判例에 결정적인 영향을 미쳤을 뿐만 아니라 오늘날까지도 獨逸判例를 支配하는 理論이 되어 있다. 또한 Birkmeyer에 의한 實質的 客觀說도 당시의 基本思想인 因果關係說을 중심으로 區別基準을 論하고 있다.[35]

이러한 過失論的 思考方法은 20世紀에 들어와서 構成要件論에 의한 區別理論과 자리를 바꾸게 되었다.[36] 특히 Beling은 그의 犯罪論(Die Lehre vom Verbrechen)에서 正犯과 共犯의 區別은 因果的 領域에 있는 것이 아니라 構成要件의 領域에 있다고 하여 形式的 客觀說을 전개하고 있다.[37] 이 學說은 1925年 政府草案(Amtlicher Entwnrf, 1925)에 채택되었으며, 1930年代 獨逸에서의 通說的인 입장이었다.[38]

이어서 M. E. Mayer는 Beling의 견해를 발전시켜서 共犯을 刑罰擴張事由로 하는 制限的 正犯槪念을 주장하기에 이르렀으며, 1920年代로부터 30年代 초까지 獨逸의 支配的인 학설이 되었다.[39] 이에 대하여 狹義의 共犯을 實定法이 刑罰的 評價의 견지에서 刑罰을 제한하는 것으로 이해하고 狹義의 共犯, 즉 敎唆犯과 從犯을 넓게 正犯으로 이해하는 擴張的 正犯槪念이 1930年代를 前後히여 Mezger, Eb.Schmidt에 의하여 주장되었다.[40] 그러나 이 학설은 곧 批判을

---

34) C. Roxin, Leipziger kommentar, 10 Aufl, Vor §§ 25 Rn. 13, S.8.
35) 任雄, 前揭論文, 41面.
36) 鄭盛根, 共謀共同正犯論에 관한 硏究(博士學位論文, 成均舘大學校大學院, 1979), 93面.
37) 大野平吉, 共犯と正犯の區別, 「刑法의 爭點」(東京; 有斐閣, 1984), 106面, 107面.
38) C. Roxin, Leipziger kommentar, §§ 25 Rn. 6, S.13.
39) 任雄, 前揭論文, 41面.

84

받았으며 오늘날에 와서는 一般的으로 否認되고 있다.[41]

그 후 2次世界大戰前에 傳統的인 因果的 行爲論에 이어 目的的 行爲論이 전개되면서 Welzel에 의하여 目的的 行爲支配說이 주장되었다. 이 學說에는 正犯과 共犯을 區別하는 基準으로서 行爲支配, 특히 目的的 行爲支配의 槪念이 사용되었다.[42] 그리하여 行爲支配의 槪念은 Hegler에 의하여 開發된 以來로 Welzel과 Maurach 그리고 Gallas와 Lange를 거쳐 최근에 Roxin에 의하여 확립되어서 正犯과 共犯을 區別하는 學說로서 獨逸에서는 通說的 地位를 차지하고 있다.[43]

II. 主觀說

主觀說(Subjektive Theorie)은 모든 因果關係의 同價値性을 인정하는 因果關係에 관한 條件說을 전제로 하여 行爲關與者의 意思·目的·動機·心情과 같은 主觀的 要素에 의하여서만 正犯과 共犯을 區別하는 입장이다.[44] 이는 다시 意思說과 利益說로 나눌 수 있다.[45]

---

40) 成時鐸, "正犯과 共犯의 區別", 法政, 1975. 9月. 74面.
41) 鄭盛根, 共謀共同正犯論에 관한 硏究, 102面.
42) H. Welzel, Das Deutsche strafrecht, 11. Aufl. 1969. S.89.
43) C. Roxin, Leipziger kommentar, §§ 25, Rn.7. S.14,
　　沈在宇, 正犯과 共犯의 區別, 刑事法講座 II, 韓國刑事法學會, 서울, 博英社, 1984. 642面.
44) J. Wessels, a, a, O., S.128.
　　沈在宇, 正犯과 共犯의 區別, 639面.
45) 意思說과 利益說은 반드시 嚴格하게 區別되는 것이 아니라 서로 結合되거나 利益槪念이 正犯意思를 說明하기 위한 기준으로 사용되기도 한다.

1. 意思說(故意說: Dolustheorie)

이 說은 正犯과 共犯의 區別基準을 犯行에의 內的인 態度(die innere Haltnng zur Tat), 즉 正犯意思(Täterwillen)와 共犯意思(Teilnahm willen)의 差異에서 구한다.[46] 따라서 正犯은 「자기의 罪를 犯할 意思(animus auctoris; 正犯意思)」를 가지고 行爲를 한 者이며, 共犯은 「他人의 罪에 가담할 意思(animus socii; 共犯意思)」를 가지고 行爲를 한 者이다. 따라서 共犯意思의 확정을 위한 결정적인 기준은 意思從屬이다.(Willensanterordnung)

이 說은 Wächter, Halschner에 의하여 주장되었고, Binding, Jankan, Scwarz, Nagler, v.Buri[47]에 의하여 발전되었으며, 당시 獨逸 帝國法院의 判例에 결정적인 영향을 미쳤을 뿐만 아니라 오늘날까지도 연방법원의 判例를 支配하는 理論으로 되었다.[48]

그러나 「animus auctoris」는 독일어의 Täterwille(正犯者 意思)에 해당하는 것이나 이를 바꿔 表現하면 「正犯意思를 가지고 行爲를 한 者는 正犯이라고 하게 되어 區別되어야 할 「正犯槪念을 理論的 前提로 하여야 하는 모순이 생긴다.[49] 또한 獨逸帝國法院의 意思說

---

46) C. Roxin, Leipziger kommentar, §§ 25, Rn.3, S.12; Samson/Horn /Rudophi, Systematischer kommentar zum Strafgesetzbuch, BdI, AT. 3. Aufl. (Frankfurt; Allfred Metzner Verlag, 1983) §25, Rn. 8, S.171.

47) 이 학설을 도입한 者는 제국법원 판사인 V. Buri이다.
   (C. Roxin, Täterschaft und Tatherrschaft, S.52).

48) 특히 RGst.3.181에서는 "從犯의 意思는 正犯에게 結果를 맡기는 形態로 正犯의 意思에 예속된다"고 하여 主觀說을 수용하는 모습을 갖추게 되었다. RGSt.31.30(82), RGSt.39, 193(196) BGHSt.6.229.

49) 鄭盛根, 共謀共同正犯論에 관한 硏究, 90面; C. Roxin, Täterschaft und Tatherrschaft. S.53; Stratenwerth Strafrecht, A. T. 1.3 Aufl. Köln, Carl Heymanns, 1981. Rn.764. S.216; Maurach/Gössel/zipf. Strafrecht, AT. Teilband Ⅱ, Heidelberg, C. F. Muller, 1978. S.182.

을 채택한 代表的 判例를 살펴보면 RGSt. 74, 85 「욕조사건」
(Badewannenfall)에서 제국법원은 私生兒의 生母의 부탁을 받고 胎
兒를 목욕 조에 빠뜨려 익사케 한 간호원에게 "共犯의 意思로 行爲
하였으므로 從犯이며, 生母가 正犯이다"라고 判示하였다.[50] 그런데
이는 構成要件的 行爲를 직접 實行한 行爲者가 內部的으로 從屬된
경우에는 正犯이 아니라 從犯이 된다는 結論을 내림으로써 客觀的
이나 다른 학설이 正犯으로 處罰하는 것과 符合하지 않게 된다. 특
히 Gallas도 지적한 바와 같이 여기에서는 意思의 대상이 되는 자
기의 罪와 他人의 罪를 미리 客觀的으로 區別해 놓고는 이것에 맞
추어 두 가지 意思를 구별하고 있으므로 이것은 참된 意味의 主觀
的 區別이라고는 볼 수 없으며, 이를테면 主觀說의 自己否定이라고
하지 않을 수 없다.[51]

2. 利益說

利益說(Interessentheorie; 目的說)은 結果에 대한 利益의 정도를
正犯과 共犯의 區別要素로 보는 見解로서 自己의 目的 또는 利益을
위하여 行爲를 한다면 共犯이 된다고 한다.[52] 이 說은 Henke,
Köstlin, Geib, V. Buri 등에 의하여 支持되었으나 오늘날 獨自的인
理論으로서의 역할을 하기보다는 獨逸判例를 중심으로 意思說에서
의 Animus-Formel에 內容을 부여하기 위한 適用基準으로 展開되
었다.[53] 聯邦法院은 "行爲에 대한 行爲者의 利益은 그가 그 行爲를

---

50) C. Roxin, Leipziger kommentar, §§25 Rn.24. S.20.
51) 黃山德, 刑法總論, 249面; Gallas, Sonderheft der ZStW 69. 1957.
   S3-45.
52) C. Roxin, Täterschaft und Tatherrschaft, S.55;
   沈在宇, 正犯과 共犯의 區別, 641面; 黃山德, 前揭論文, 249面.

自己의 犯罪로서 實現하고자 하였는가, 아니면 다만 他人의 行爲를 實現하고자 하였는가에 대한 徵表로서 評價될 수 있다"고 判示하고 있다.54)

그러나 構成要件的 結果를 實現한 行爲者라도 他人의 利益을 위하여 行爲를 한 경우에는 從犯으로 밖에는 處罰되지 않는다는 結論은 타당치 않다. 예컨대 A가 자기의 妻 B를 위하여 商店에서 진주목걸이를 훔쳤다면, 이 見解에 따른다면 A는 從犯이 되어야 하지만 이 같은 內的인 動機는 構成要件充足이나 正犯의 判斷에 영향을 미치지 않으며, 다만 量刑上 考慮할 問題인 것이다.55) 그리고 他人의 절박한 「囑託을 받아 그를 殺害할 者」(刑法 第252條 1項)는 결코 자기의 目的이나 利益을 위하여 殺人을 하였다고 볼 수 없음에도 불구하고 正犯이 되는 것인데(第269條 1項의 囑託 落胎罪도 마찬가지임) 이러한 점에서 이 說은 正犯과 共犯을 명확히 구별하지 못하고 있어 찬성하기 어렵다.56)

---

53) C. Roxin Täterschaft und Tatherrschaft, S.56; Wessels, a, a, O., S.128.

54) BGHst.6.226/이에 관한 유명한 判例로 BGHst 18.87(소위 staschynkijfall)이 있다. 이는 소련 KGB의 指令에 따라 독일에서 사람들을 살해한 사건과 관련하여 自己의 利益이 결여됨을 이유로 피고인을 단지 殺人罪의 從犯으로 認定하였다.

55) Maurach/Gössel/Zipf는 構成要件의 二重的 機能에 초점을 두어 主觀說을 批判하고 있다. 즉, 構成要件의 正犯要素를 구비하지 못한 者에 대하여는 일정한 刑罰擴張事由가 있지 않는 한 處罰할 수 없다고 하며, 한편 構成要件에서 요구하는 바를 充足한 者에게는 그 밖의 어떠한 附加的 要素(예컨대 行爲者의 意思나 利益등)가 없더라도 正犯으로 處罰된다고 한다. Maurach/Gössel/Zipf. a, a, O., S.184

56) 沈在宇, 正犯과 共犯의 區別, 642面; G. Jakobs, Strafrecht, AT. Berlin, Walter de Gruyter, 1983, S.505f.

3. 制限的 主觀說

制限的 主觀說(Die eingeschrankt-Subjektive Theorie)은 단독적
인 主觀的 尺度를 적절히 제한해 보려는 일부 判例를 통하여 나타
난 것으로서[57] 主觀的 尺度에 客觀的 徵表를 結合시키고자 한다.
그리하여 主觀的으로는 犯行結果를 통하여 자신의 이익의 실현을
꾀하려는 것으로서 이로부터 正犯意思가 徵表되지만 이것만으로는
충분하지 못하고 正犯意思에 대한 客觀的 徵表로서 行爲 中과 行爲
後에 있어서의 그 사람의 行態, 構成要件 實現計劃에 대한 영향력,
事後經過의 支配 등이 고려되어야 한다고 본다.[58] 그러나 이 說은
極端的 主觀說보다 進一步했다고 느껴지나 主觀說의 短點을 本質的
으로 벗어나지 못했다고 판단된다. 요컨대 行爲는 意思의 實現
(Willensver wirkli- chung)이지 意思의 徵表(Willenssymptom)는
아니다. 따라서 行爲의 意味를 主觀과 客觀의 全體로서 統合的으로
파악해야 할 것임에도 불구하고 이를 순수한 主觀的 面에 중점을
두어 이해하려고 한 점에서 主觀說의 難點이 있다.

Ⅲ. 實質的 客觀說

實質的 客觀說(materiell-objektive Theorie)은 Birkmeyer의 因果
關係論을 그 出發點으로 하여 原因說的 立場에 입각한 共犯學說과

<ol>
<li value="57">BGHst 8,396은 「자기의 것으로 의도한다는 意思方向은 단순한 內的事實
이 아니고 그의 表現 에 의해 파악되고, 法院에 의하여 가치 있는 것으로
확인되는바 모든 情況을 근거로 하여 판단되어야 한다고 判示하였다.</li>
<li value="58">Maurach/Göbssel/Zipf, Strafrecht, AT. Teilband, 2.5. Aufl, 1978, S.186
Schönke/Schröder/Cramer, a, a, O., Vorbem, §§25, Rn.71, S.348.</li>
</ol>

기타 內容的으로 客觀的 尺度에로 指向되어 있는 모든 學說을 包括하고 있다.[59] 즉, 實質的 客觀說은 行爲寄與의 危險性의 정도와 因果關係의 종류와 정도에 따라서 正犯과 共犯을 區別하려는 見解[60]로서 이를 必要說, 同時說, 優勢說, 因果關係의 媒介方法 區別說로 區分할 수 있다.[61]

1. 必要說

必要說(Notwendigkeits theorie)은 結果發生에 對하여 필요불가결한 行爲寄與(unentbehrliche Tatbeiträge)를 한 者를 正犯이고 기타의 者는 共犯이 될 수 있을 뿐이라고 본다.[62]

특히 리프만은 決定的인 條件(die entscheide der Bedingung)여부에 따라 正犯과 共犯을 區別하고 있다.[63]

因果關係論의 原因說에 그 출발점을 둔 이 說은 原因說에 대한 批判이 그대로 적용된다.[64] 뿐만 아니라 必要說은 共同正犯과 從犯의 區別에만 그 適用範圍가 국한되어 敎唆犯과 間接正犯을 區別할 수 없는 비판을 받는다.[65] 왜냐하면 이 見解에 의하면 他人에게 犯罪를

---

59) C. Roxin, Taterschaft und Tatherrschaft, S.38. 이에 反해 우리나라에서는 實質的 客觀說을 Birkmeyer에 의해 주장된 見解에만 국한하여 소개하고 있다.(黃山德, 刑法總論, 1982. 251面; 任雄, 前揭論文, 42面)
60) Samson/Horn/Rudolphi, Systematischer kommentar zum strafgesetzbuch Bdl. AT.3. Aufl.(Frankfurt, Alfred Metzner Verlag, 1983)§§25, Rn.18. S.212.
61) C. Roxin, Täterschaft und Tatherrschaft, S.38. 沈在宇, 正犯과 共犯의 區別, 636面.
62) C. Roxin, Leipziger kommentar, §§25, Rn.6. S.13.
63) C. Roxin, Täterschaft und Tatherrschaft, S.39.
64) 沈在宇, 正犯과 共犯의 區別, 637面.
65) 李在祥, 前揭書, 290面; 沈在宇, 正犯과 共犯의 區別, 637面.

決意하게 한 敎唆犯은 언제나 正犯으로 보아야 하기 때문이다.

2. 同時說

同時說(Gleichzeitigkeits theorie)은 中世 이탈리 刑法學에서 출발하여 普通法(Gemeines Recht)에 많이 적용되었으며 거의 19世紀 中半까지 자주 인용되었다.[66] 이에 따라 犯行遂行時의 時間的 關聯을 기준으로 行爲 前 또는 後에 加擔한 者는 從犯, 行爲時에 加擔한 者는 正犯이라고 한다.[67]

그런데 이 見解는 時間的 同時性만을 강조하므로 行爲寄與의 事理的 비중을 무시하게 되어 그 內容範圍가 너무 좁고 또한 圖式的 (Schematisch)이라는 결점이 있으며,[68] 間接正犯을 설명할 수 없다는 비판을 받는다.[69]

3. 優勢說

優勢說(überordnungstheorie)은 「담」(Dahm)과 「슈미트」(R. Schmit)에 의하여 전개된 것으로 共同正犯과 從犯을 區別함에 있어서 구체적 사건의 情況을 고려해볼 때 客觀的 및 主觀的인 行爲寄與가 同價値的으로 판단될 때에는 共同正犯이 성립하고, 制限的 내지 從屬的이라고 判斷될 때에는 從犯이 成立한다고 한다.[70]

---

66) C. Roxin, Täterschaft und Tatherrschaft, S.41f.
67) C. Roxin, Leipziger kommentar, §§25, Rn.6. S.13.
68) 沈在宇, 正犯과 共犯의 區別, 48~49面.
69) C. Roxin, Täterschaft und Tatherrschaft. S.44.
70) R. Schmidhäuser, Grundriβ des Deutschen Strafrechts, Zweite neubearbeitete Auflage, J.C.B.MOHR, 1975, S.578.; C. Roxin, Täterschaft und Tatherrschaft. S.50.

이 說은 一般的으로 確定可能한 尺度를 제시하지 아니하기 때문에 優勢判斷에 어려움이 따르고 너무나 추상적이라는 비판을 받으며, 이 說은 또한 共同正犯과 敎唆犯의 구별에 관하여는 아무런 기준을 제시하지 아니하고 있다.[71]

4. 因果性의 媒介方法區別說

因果性의 媒介方法區別說(Die Lehre von der physisch und psychisch vermittelten Kausalität)은 因果關係를 原因과 條件으로 區別할 뿐 아니라 因果過程의 方式을 기준으로 心理的으로 媒介된 因果關係(Psychisch vermittelte Kausalitat)와 物理的으로 媒介된 因果關係(Physisch vemittelte Kausalität)를 區分하여 正犯과 共犯을 區別하려는 理論이다.[72]

이 說은 「포이에르바하」(Feuerbach), 뢰닝(Löning), 혼(Arnold Horn) 등을 거쳐 프랑크(R. Frank)에 이르러 활발히 거론되었다.[73]

그러나 이 說은 間接正犯을 설명하는데 난점이 있고 間接正犯과 從犯의 區別에 있어서도 많은 경우에 있어 문제점이 있다는 批判을 받는다.[74]

---

71) G. Stratenwerth, a, a, O., Rn.741, S.215.
72) C. Roxin, Täterschaft und Tatherrschaft, S.45f: G. Stratenwerth a, a, O. Rn.741. S.215.
73) C. Roxin, Täterschaft und Tatherrschaft, S.47; Frank는 因果的 觀點에서 原因은 物理的으로 媒介되는 因果關係를 가리키며, 條件(소위 遡及禁止論(Regreβverbot)을 원용)은 心理的으로 媒介되는 因果關係를 의미한다고 하여, 正犯은 原因을 定立한 者이고 共犯은 條件을 定立한 데 불과한 者라고 한다.(孫海睦, 間接正犯에 관한 硏究, 博士學位論文, 檀國大學校大學院, 1974. 26面)
74) C. Roxin, a, a, O., S.48f.

以上에서 살펴 본 實質的 客觀說은 하등의 사용가능하고 설득력 있는 尺度를 제시하지 못하고 있으므로 正犯과 共犯의 구별이론으로는 적합치 못하다.

Ⅳ. 形式的 客觀說

形式的 客觀說(Formal-objektive Theorie)에 의하면 構成要件的 實行行爲를 전체적 또는 부분적으로 직접 行한 者를 正犯이라 하고, 豫備行爲(Vorbereitungshandlung) 또는 幇助行爲(unter stützungshandlung)를 통해서 構成要件의 實現에 寄與한 者를 共犯이라고 한다.[75] 「베링」(Beling)의 構成要件理論을 기초로 하여 모든 犯罪槪念을 價値的으로 이해하려는 思考에서 대두된 학설로서 1930年代까지 通說的 地位를 차지하였다.[76] 그러나 獨逸에서는 行爲支配說의 대두와 더불어 오늘날 이 說을 그대로 追從하는 者는 거의 찾아볼 수 없는 반면, 오스트리아·불란서·美國에서는 아직도 사실상 支配的인 位置를 차지하고 있는 것 같다.[77]

이 說은 實行行爲의 有無에 따라서 正犯과 共犯을 구별하는 客觀說이라는 점에서 實質的 客觀說과 공통된다. 다만, 後者는 實行行爲를 結果에 대해서 原因을 주는 行爲라고 하는 점이 다르다. 그리고 各則上의 基本的인 構成要件的 實行行爲를 한 者만이 正犯이고 그 이외의 行爲를 한 者를 正犯에서 제외시킴으로써 正犯槪念이 엄격

---

75) J. Wessels, Strafrecht, AT. 14, Aufl, S.127.
76) 沈在宇, 正犯과 共犯의 區別, 635面; C. Roxin, Leipziger kommentar, §25 Rn.6, S.13.
77) C. Roxin, Täterschaft und Tatherrschaft, 4 Aufl. S.34.

하게 제한된다. 따라서 正犯概念으로서는 「制限的 正犯概念」(Lehre von restriktiven Täterbegriff)[78]을 취하게 된다.

또 이 입장에서는 刑法 各則에서 可罰的으로 豫定하고 있는 것은 基本的인 構成要件에 해당하는 定型的인 實行行爲를 한 者, 즉 正犯의 旣遂이고 그 이외의 行爲者는 즉 共犯과 未遂犯은 各則에서 可罰性을 豫定하고 있지 않다고 본다. 이와 같이 各則에서 可罰性을 豫定하고 있지 않은 共犯·未遂犯이 總則上의 共犯處罰規定·未遂犯處罰規定에 의해서 비로소 可罰性이 인정된다는 의미에서 總則上의 共犯規定·未遂犯規定은 「處罰擴張事由」(strafausdehu- ngsgründe oder Tatbestandsausdehungsgründe)[79]가 된다.

그러나 形式的客觀說은 構成要件의 範圍 內에서 因果的 行爲論에 입각한 區別論으로서 行爲의 客觀的 標識을 너무 形式的·機械的으로 이해하여 行爲寄與의 實質的 意味나 全體的인 機能을 등한히 한다는 데에 결점이 있다.[80] 또한 이 說은 構成要件的 行爲와 構成要件的 事實을 實現하는 行爲를 同一視함으로써 前者의 立場에서 行爲의 正犯性을 판단하는 잘못이 있다.[81] 例를 들어보면, B에게 A가 칼을 건네주고, C가 꼼짝 못하게 움켜잡은 X의 가슴을 찌르게 한 경우(Beling의 例) 이 說에 따르면 B는 正犯, A와 C는 共犯이 된다고 한다. 또 다른 例로서 A와 B가 C를 毒殺할 것을 모의하고 A는 국그릇에 毒藥을 풀어 넣고 B는 그 국맛의 이상한 냄새를 C가 눈치 채지 못하도록 짙은 화장품 냄새를 풍긴 경우(Wegner의

---

78) C. Roxin, Leipziger kommentar, Vor§§25, Rn.12, S.8.
79) C. Roxin, Leipziger kommentar, Vor§§25, Rn.12, S.8; Schönke/ Schröder /Cramer, StGB. 20. Aufl. (München; C.H. Beck, 1980), Vorbem, §§25 Rn.7, S.337.
80) 沈在宇, 正犯과 共犯의 區別, 635面.
81) Maurach/Gässel/Zipf. a, a, O., S.187.

例) A는 正犯, B는 共犯으로 된다고 한다. 그러나 이와 같은 結論은 行爲의 意思內容에 의미를 부여하지 않고 단지 行爲의 形式的인 定型性에만 正犯의 標識을 고찰하여 構成要件的 結果를 重視하고 있는 問題를 그대로 나타내고 있는 것이다.[82]

그뿐만 아니라 形式的 客觀說은 間接正犯을 설명할 수 없다는 데에 가장 큰 問題點이 있다.[83] 예컨대 숙모의 생일에 5살된 아들을 보내어 毒이 든 초콜릿사탕을 건네주게 하여 숙모를 毒殺한 者는 이 說에 따를 경우 기본적 구성요건에 해당하는 正犯行爲의 欠缺로 인하여 敎唆犯이 될 수 없고, 또한 構成要件的 行爲를 한 바 없으므로 正犯性을 인정할 수도 없어 결국 不可罰로 된다는 모순이 생기게 된다.

V. 擴張的 正犯說

擴張的 正犯概念[84]은 무엇보다도 制限的 正犯概念의 구체적인 適

---

82) C. Roxin, Täterschaft und Tatherrschaft, S.37.

83) P. Cramer, "Gedanken zur Abgrenzung von Täterschaft und Teilnahme", "Festschrift für R. Lange zum Geburtstag(Berlin; Walter de Gruyter; 1979), S.391; C. Roxin, Tatërschaft und Tatherschaft, S.36. Beling도 晩年에 他人의 構成要件의 該當行爲도 可罰性이 생긴다는 構成要件關聯性(Tatbestandshezogenheit)을 들어 해석하지만, 이것은 客觀說의 根本을 뒤엎는 논리적 모순이 아닐 수 없다. C. Roxin. Täterschaft und Tatherrschaft, S.35.

84) 制限的 正犯概念과 擴張的 正犯概念의 대립을 처음 분석한 학자는 Zimmerl이다. 그는 刑法에 있어서 共犯規定을 설명하면서 「構成要件을 擴張的으로 解釋하는 見解」(die Auffassung von der extensiven Intepretation der Tatbestanden)와 構成要件을 制限的으로 解釋하는 見解」(die Auffassung von der restrikt Interpretation)로 나누어 表現하고 있다.
孫海睦, 間接正犯에 관한 研究, 28面.

用과 관계되는 可罰性의 欠缺, 즉 間接正犯의 正犯性을 理論的으로 提示하기 위하여 등장한 見解이다. 擴張的 正犯論(extensive Täter Theorie)에 의하면 結果에 대한 모든 條件의 同價値性을 인정하는 條件說을 理論的 基礎로 하여, 構成要件的 結果의 發生에 條件을 設定한 者는 그것이 構成要件에 該當하는 行爲인가를 불문하고 모두 正犯이라고 한다.[85]

따라서 敎唆犯과 從犯은 원래 正犯으로 處罰되어야 하지만 共犯規定에 의하여 특별취급을 받을 뿐이며, 이로서 共犯規定은 正犯의 處罰範圍를 축소하는 處罰縮小事由(Strafeinschrankungsgrund)[86]가 된다. 그리고 이 理論에 의하면 正犯과 共犯이 因果的考察方法에서는 同一한 價値를 가지고 있기 때문에 客觀的 構成要件要素에 의해서는 區別이 不可能하며 결국 主觀的要素 즉 關與者의 主觀的 側面에 대한 評價를 통해서 正犯과 共犯을 區別할 수 있어 擴張的 正犯概念은 主觀說과 結合하게 된다.[87]

그런데 이 說은 첫째, 刑法의 保障的 機能을 무시한다. 즉 금지된 결과를 야기한 行爲를 모두 可罰行爲로 본 다음에 實定法上으로 正犯과 共犯을 구별하기 때문이다.[88] 둘째, 正犯概念을 實定法上의 共犯을 除外한 나머지라고 하므로 正犯概念의 優位性을 부정한다.[89]

---

85) 鄭盛根, 共謀共同正犯에 관한 硏究, 97面, 木村龜二, "正犯と共犯", 「刑法講座4」(日本刑法學會編) 東京; 有斐閣, 1963) 67面; Samon/Horn/Rudolphi; a, a, O., §§25, Rn.4, S.170.

86) C. Roxin, Leipziger kommentar, Vor§§25 Rn.9, S.7.
黃山德, 刑法總論, 249面.

87) C. Roxin, Leipziger kommentar, §§25 Rn.11, S.7; Samson/Horn/Rudolphi, a, a, O., §§25, Rn.4, S.110, G. Jakobs, Strafrecht, AT (Berlin; Walter de Gruyter, 1983) 21/8, S.495.

88) Maurach/Gössel/Zipf. a, a, O., S.178.

89) 木村, 前揭論文, 68面.

셋째, 理論上의 正犯과 實定法上의 正犯이라는 두 가지 별개의 正犯概念이 預定되어 있으므로 統一的正犯概念을 否定한다. 이와 같이 擴張的正犯概念은 그 자체의 여러 가지 不合理한 점을 내포하고 있다.

Ⅵ. 機能的 行爲支配說

機能的 行爲支配說(die funktionalle Tatherrschaftlelre)은 Roxin에 의하여 주장된 것으로서 正犯과 共犯을 구별하는 데 새로운 觀點을 제시해 준다. 즉, 「녹신」은 正犯概念의 多樣性으로 인하여 一義的인 區別基準이 刑罰構成要件의 規定과 構造에서 출발하여 犯罪類型에 따라 個別的으로 考察하였다.[90] 이 說에 의하면 行爲加擔者 相互間의 客觀的·社會的 機能이 行爲實現의 핵심적 역할을 하는 것이면 正犯이 되고, 그렇지 아니한 것이면 共犯이 된다는 것이다. 이 說이 다음에 설명한 目的的 行爲支配說(finale Tatherrschaft)과 다른 점은 行爲者 個人의 主觀的 目的性에 중점을 두는 것이 아니라 行爲者 相互間의 客觀的 機能性에 重點을 둔다는 데 있다.

우선 正犯의 槪念範圍를 個別的인 刑罰構成要件의 性質에 따라 規定지어 지므로 Roxin은 犯罪類型을 支配犯(Herrschaftsdelikten)과 義務犯(Pflichtsdelikte)으로 구분하였다. 여기에서 義務犯은 構成要件에 刑法外的으로 부과된 特別한 義務를 침해한 者를 正犯으로 하는 構成要件이다. 이에 그렇지 아니한 경우를 支配犯이라고 하며, 다만 行爲者 自身에 의한 實行을 要하는 自主犯(eigenhändige Delikte)

---

90) A. Eser, Strafrecht Ⅱ, AT. 3 Aufl. München, C.H. Beck, 1980.

에 대하여는 별도로 理論構成을 하고 있다.[91]

먼저 行爲支配說의 경우에 대하여 Roxin은 直接正犯(Unmittelbare Taterschaft)은 實行支配(Handlungsherrschaft)를 根據로 間接正犯(mittelbare Täterschaft)은 意思支配(Willensherrschaft)를 根據로, 共同正犯에 대하여는 機能的 行爲支配(funktionelle Tätherrschaft)를 근거로 각기 正犯性을 인정하고 있다.[92] 다시 말하면 直接正犯에서의 行爲支配는 實行支配(Handlungscherrschaft)로 나타나며, 모든 機能要件을 스스로 直接 事責하게 實現한 直接正犯은 構成要件該當行爲를 支配한 것이므로 언제나 正犯이 된다. 그러므로 이 實行支配는 他人의 利益을 위하여 構成要件을 實現한 경우뿐만 아니라, 多數人이 가담하여 각자가 모두 構成要件을 實現한 경우에도 적용된다.[93] 또한 直接實行者를 우월적 意思力에 의하여 操縱하고 支配하는 間接正犯의 行爲支配는 意思支配(Willensherrschaft)로 나타난다.[94]

또한 2人 以上이 共同하여 罪를 犯한 共同正犯의 경우에는 Roxin에 의하여 새롭게 提示된 機能的 行爲支配의 槪念이 전개된다.

그는 行爲者 相互間의 客觀的 機能性에 중점을 두어 行爲寄與者의 行爲가 당해 犯罪의 實行段階에 있어서 分業的인 共同實現(arbeits-teiliges Zusammenwirken)으로 인정되고 具體的인 行爲實現의 中心形態(Centralgestalt)로 나타나는 경우에는 비록 完全한 意味에서의 實行

---

91) C. Roxin, Täterschaft und Tathcrrschaft, S.126.

92) 李在祥, 前揭書, 294面; 沈憲燮, 共同正犯과 機能的 行爲支配, 61面.

93) C. Roxin, Täterschaft und Tatherrschaft, S.139.

94) a, a, O., S.142; 여기에서 意思支配를 인정하기 위해서는 背後者에 의하여 行하여진 强要로 인하여 直接實行行爲를 한 者는 그 行爲에 대한 責任이 免除된다는 答責性의 原則(Verant wortungsprinzip)이 전제되어야 한다고 한다.
　　a, a, O., S.142

98

支配가 없거나 犯罪實現의 意思가 自己行爲에만 국한되어 있더라도 共同正犯이 될 수 있다고 한다.95) 즉 共同正犯은 各自가 役割分擔 (Rollverteilung)에 따라 全體計劃의 遂行에 必要不可缺한 부분을 分業에 의하여 共同으로 遂行하는 것이며, 이러한 機能的 行爲支配에 의하여 共同正犯은 各自가 共同의 行爲支配(qemeinsame Tätherrs-chaft)를 가진 正犯이 된다고 한다.96)

그러나 이 機能的行爲支配說은 正犯概念과 共犯概念의 區別을 위하여 主觀說과 客觀說의 合一態的 分析方法을 고려한 점에서는 높이 評價하지만 다음과 같은 몇 가지 점에서는 문제가 있다 할 것이다.

첫째, 機能的 行爲支配란 共同正犯의 正犯性을 인정하기 위한 行爲支配의 유형에 불과하고, 하나의 獨立된 行爲支配說이 되는 것은 아니며, 둘째, 犯罪類型을 支配犯과 義務犯으로 구분하고 支配犯의 경우에 直接正犯은 實行支配에, 間接正犯은 意思支配에, 共同正犯은 機能的行爲支配에 따라 根據를 두고 있는데, 犯罪類型을 統一的 槪念에 의해서 파악하기 어려우며, 셋째, 役割分擔에 의한 機能的行爲支配에 역점을 둠으로써 法學論理를 工學的 側面에서 다루어 論理的이며 價値評價的인 刑法理論을 학문의 영역에서 궤도를 벗어나게 하는 인상을 주며, 아울러 전체를 통할하는 이론이 아닌 개별적·구체적인 경우에 이론을 적용함으로써 일관성이 없고 혼돈만 가져다준다. 따라서 機能的 行違支配說은 正犯의 標識로서 타당치 않다.

---

95) C. Roxin, Täterschaft und Tatherrschaft, S.275.
96) a, a, O., S.277; 여기에서 共同의 行爲支配(gemeinsame Tatherrschaft)를 客觀的 機能에서 파악하므로, 共同行用의 客觀的 機能이 行爲生起의 中心形態(Centralgestalt des handlungsmaßgen Geschenhens)를 이루고 있는가 여부가 중요한 判斷根據가 된다.
a, a, O., S.278

第4節 正犯論과 目的的 行爲支配說

「벨첼」(H. Welzel)은 그의 目的的 行爲論에 입각하여 目的的 行爲支配說을 確立하였다. 그에 의하면 人間의 行爲는 目的活動性의 作用으로서 目的性의 客觀化 現象으로 파악된다. 곧 이러한 目的的 行爲(finale Handlung)의 因果的 過程을 目的的으로 支配·操縱하는 것을 目的的 行爲支配라고 한다.[97]

따라서 正犯은 自己의 目的的 意思決定과 그 實行의 支配者라고 하며 敎唆와 幇助者는 일종의 行爲支配를 가지고 있지만 다만 加擔의 支配를 할 따름이며, 行爲自體는 오로지 正犯者의 目的的 支配下에 놓여 있다고 한다.[98] 즉 目的的 正犯(finale Täterschaft)의 一般的 要素는 目的的 行爲支配이며, 目的的 實行意思(finale Verwirklichungswille) 즉 構成要件的 故意가 바로 實行支配의 要素가 된다고 한다.[99]

그리고 그는 共同正犯의 說明에서 각 共同正犯은 主觀的으로 共同의 行爲決意의 共同所有者(Mitträger des Tatentschluβes)이어야 하고 客觀的으로는 各自의 行爲寄與를 하나의 統一的인 行爲로 補完히지 않으면 안 된다고 한나. 즉, 共同의 犯罪計劃에 따라 實行行爲를 하는 者는 항상 共同正犯이지만, 客觀的으로 단지 豫備나 幇助에 불과한 경우에도 主觀的으로 行爲決意만 있으면 共同正犯이

---

97) H. Welzel, a, a, O., S.100.

98) a, a, O.S.; 沈在宇, "正犯과 共犯의 區別", 634面; Welzel은 결국 正犯과 共犯의 區別은 단지 實定法의 規定에 있는 것이 아니라 社會的外界 內에서의 이와 같은 本質的 發現形式의 差異라는 構造的 差異에 있는 것이라고 하였다.(H. Welzel, "Studien zum system des strafrechts, in ZStw, Bd. 58, 1939. S.539)

99) H. Welzel, a, a, O., S.100.

된다고 한다.

이때에는 構成要件實現의 客觀的 寄與에 있어서의 마이너스(Minus in der Objektiven Mitbeteiligung)가 犯罪計劃의 個別的 參與의 플러스(Plus der besonderen Mitbeteiligung am Tatplan)에 의해서 메워진다고 한다.[100]

그리고 Welzel은 目的的 行爲概念과 倫理的·人的 不法觀을 論理的 出發點으로 하여, 故意行爲와 過失行爲를 不法의 단계에서 구별하고 이 두 가지를 根據로 正犯과 共犯의 理論을 不法의 領役에서 說明함과 同時에 故意犯의 不法과 過失犯의 不法을 구별하여 論述한다. 이는 從來의 犯罪論이 正犯·共犯의 理論을 未遂論·罪數論 등과 並列하여 行爲의 단계, 正犯의 發展形態, 刑罰擴張原因 등으로 論述하려는 것과는 그 論理的 展開方法이 크게 다르다.[101]

Welzel은 말하기를 「不法은 人的 不法이다. 바꾸어 말하면 不法에 있어서는 行爲者와의 關係가 本質的이다. 行爲者가 不法을 特色 있게 하는 것과 같이 行爲者가 如何히 하여 正犯者로 되어가는 不法論에 속한다. 正犯論은 不法한 人格的인 行爲中心을 이룬다.」

「故意犯의 不法과 過失犯의 不法의 차이는 특히 正犯論에서 明瞭하게 反映된다. 즉 過失犯의 行爲者란 社會生活에 必要한 정도의 注意를 태만하는 行爲에 의하여 고의 없이 構成要件該當的 結果를

---

100) Welzel의 目的的正犯槪念은 一般的 正犯要素와 特殊한 正犯要素로 구성되어 있으며, 이 중 一般的 正犯要素가 바로 目的的 行爲支配를 가리킨다. 이에 대하여 特殊한 正犯要素는 客觀的 人的要素와 主觀的 人的要素로 나누어지는데, 前者는 公務員·軍人과 같이 正犯者에게 特別한 義務가 부과되어 있는 경우이며, 後者는 正犯者의 主觀的인 特別한 目的·傾向 및 心情의 形態를 가리킨다. 그러나 이와 같은 特殊한 正犯要素는 一般的 正犯要素와는 달리 個個의 構成要件이 正犯을 豫想하고 있을 때에만 문제가 된다고 한다.(Welzel, a, a, O., S.100)

101) H. Welzel, a, a, O., S.100.

招來시키는 者이다. 社會生活에 필요한 注意를 다하지 못한 行爲에 의하여 不注意로 惹起된 構成要件該當의 결과에 대한 共同惹起의 각 정도가 그 過失犯의 正犯性의 기초가 된다. 그러므로 過失犯에는 正犯과 共犯 間에 相違가 없다.」[102] 이에 反하여 「故意犯에 있어서는 構成要件該當的 結果에 이르는 因果的 事象을 意識하고 操從함으로써 結果惹起를 支配하는 者만이 正犯이다. 事象에 대한 目的的 行違支配가 있을 때에 正犯은 단순한 共犯과 구별된다. 共犯은 正犯이 目的的 活動的으로 支配하는 所爲를 援助하는 데 지나지 않거나 이에 대하여 注意를 喚起시키는 것이다. 故意의 構成要件에서만 正犯과 共犯의 구별이 可能하다」하고, 이러한 正犯概念 – 目的的 正犯概念 – 의 要素로 되는 것이 目的的 行爲支配의 概念이라고 하였다.[103]

以上에서 正犯과 共犯의 區別에 관한 중요학설을 검토해 보았다. 各 學說의 特色으로서 注目되는 점은 主觀說은 구별기준의 要素로서 主觀的 意思의 중요성을 강조하였고, 實質的客觀說·形式的客觀說 및 擴張的 正犯論은 모두 客觀的 要素에 중요성을 두고 있는 데 있다. 그리고 機能的行爲支配說은 役割分擔에 의한 機能的 行爲支配에 역점을 두고 있다.

그러나 이 모두는 동시에 自己矛循과 槪念的 混同을 犯하고 있어 正犯과 共犯을 區別하기 위한 타당한 기준이라고 할 수 없다. 즉 主觀說을 철저하게 주장하게 되면 客觀的 區別로 귀착하게 되어 참된 意味의 區別이라 할 수 없고, 이를테면 主觀說의 自己否定에 이르게 되고[104] 實質的 客觀說은 原因과 條件이라는 區別不可能한 槪

---

102) H. Welzel, a, a, O., S.100.
103) H. WelZel, a, a, O., S.98.
104) W. Gallas, Sonderheft der zstw69, 1957, S.3-45.

念을 구별하려는 論理的 側定에서 出發한 것이었고, 다시 形式的 客觀說은 共犯에 관한 총칙규정을 수정·확장된 구성요건을 규정한 것으로 이해함으로써 수정·확장된 構成要件該當性도 實行行爲이고, 이 實行行爲의 有無에 의하여 正犯과 共犯을 구별하려는 기본 사상의 自己否定에 이르렀다.105) 또 擴張的 正犯論은 本來의 正犯과 實定法上의 正犯이라는 二重槪念의 矛循을 그 出發點으로 하여 實定法上의 正犯과 共犯의 區別基準을 단순한 法的效果로서의 刑罰的 評價의 相違에 두고 刑罰的 評價에 있어서는 正犯과 同一한 敎唆犯을 共犯으로 이해할 수 없다는 結果가 되었다. 또한 機能的 行爲支配說은 役割分擔에 의한 機能的 行爲支配에 역점을 둠으로써 法學論理를 工學的 側面에서 다루어 論理的이며 法律評價的인 刑罰理論을 자칫 學門의 영역을 벗어나게 하는 듯한 인상을 주었으며, 아울러 전체를 통할하는 이론이 아니고 개별적·구체적인 경우에 적용하는 이론을 전개함으로써 일관성이 없으며 자칫 混亂만 가져다준다.

이러한 점에서 主觀的 要素와 客觀的 要素를 綜合한 目的的 行爲支配說의 方法論的 考察에 대해서 原則的으로 찬성한다. 또한 目的的 行爲支配說에 의하면 目的的 行爲支配의 有無로 正犯과 共犯은 區別되므로 그러한 行爲支配를 생각할 수 없는 過失犯의 世界에서는 正犯과 共犯의 區別에 관한 問題는 생길 수 없다는 結論이 생겨난다.

다시 말하면 正犯과 共犯의 區別은 오로지 故意犯의 世界에서만 問題될 뿐이다.106) 오늘날 독일의 刑法學界에서는 이 目的的 行爲支

---

105) 黃山德, 前揭書, 250面 以下.
106) H. Welzel. Das deutsche Strafrecht, S.996.
　　(Allein innerhalb der vorsatzlichen Tatbestände gibt es den unterschied zwischen Täteschaft und Teilnahme, und allein hier ist

配說이 가장 有力한 學說로 인정되고 있고, 日本의 判例와 學說도 共謀共同正犯의 문제에 있어서는 目的的 行爲支配說에 접근하는 경향을 보이고 있다. 여기서 우리는 正犯論에 있어서도 目的的 行爲支配說의 價値를 높이 評價하면서 이의 再認識을 요청하는 것이다.

---

dieser unterschied sachlich geboten.）; 黃山德, 前揭書, 251面.

第4章

過失理論과 過失行爲의 共同性

第1節 行爲槪念의 機能과 諸理論

Ⅰ. 行爲槪念의 機能

犯罪는 '行爲'이다.[1] 따라서 行爲를 떠난 犯罪는 생각할 수 없다. 이러한 行爲를 構成要件 내지 不法과 관련하여 어떻게 이해하겠는가에는 見解의 對立이 있다.

먼저 犯罪槪念의 第一要素는 行爲라고 하고 이 行爲를 前構成要件的實體槪念으로 파악하는 입장을 '行爲論'(Handlungslehre)이라고 한다. 構成要件該當性 또는 違法性, 有責性 등의 刑法的 評價에 先行하여 犯罪를 우선 行爲로서 고찰하고 이를 기초로 하여 刑法的 評價의 對象을 行爲에 한정하는 점에 그 특색이 있다.[2]

따라서 刑法的 評價가 指向하지 않는 自然現象 및 社會現象, 人間의 生理的 反射運動 등은 構成要件該當性 내지 不法評價를 기다리지 않고 처음부터 犯罪가 아니라고 한다. 이에 反하여 犯罪槪念의 第一要素는 構成要件該當性(또는 不法)이고 刑法的 評價 이전의

---

1) Vgl, E. Mezger, Strafrecht, AT.3, Aufl, 1949. 5. 91.
2) E. Mezger, a, a, O., S.94; W. Maihofer, Der Handlungsbegriff im Verbre- chenssystem, 1953. S.6.; H. H. Jescheck, Der Strafrechtliche Handlungs- begriff in dogmengeschichter Entwicklung, in; Festschrift fur Eb. Sch- midt, 1961. S.140f.

存在論的 行爲를 論하는 것은 의미가 없다는 見解를 '行爲論拒否'의 입장이라고 한다. 이에 따르면 모든 行爲는 構成要件的 行爲이지 刑法理論上 構成要件을 떠난 行爲槪念이라는 것은 論議할 필요가 없다고 하고, 作爲犯과 不作爲犯, 故意犯과 過失犯에 공통 타당한 一元的 實險的 行爲槪念은 존재하지 않으므로 처음부터 構成要件에 해당하는 具體的 行爲를 문제 삼아야 한다고 하게 된다.[3]

생각건대, 行爲에 의하지 아니한 構成要件의 實現이란 생각할 수 없고, 단 行爲가 아닌 構成要件의 實現은 犯罪論의 出發點으로 삼는다는 것도 論理的으로 부당하므로 犯罪의 諸標識(構成要件該當性, 違法性·責任 등)에 의하여 특징지어지는 行爲는 당연히 一般的 行爲槪念에 포함한다 할 것이다. 뿐만 아니라 前構成要件的 行爲槪念의 인정은 實定犯的 요청이기도 하다. 이렇게 볼 때 前構成要件的 實犯槪念說이 타당하다 하겠다.

다음으로 行爲槪念에 여하할 意義와 內容을 부여할 것인가 - 行爲槪念의 機能 - 에 관하여는 諸見解가 주장되고 있지만[4] 여기서는 마이호퍼(Maihofer)의 行爲槪念의 기능에 관한 주장만을 살펴보기로 한다. Maihofer는 行爲者 없는 行爲, 行爲 없는 行爲者란 있을 수 없다고 전제하고 行爲를 機能的 띠(funktionales Band)로서 行爲者를 行爲對象과 연결한다고 보면서 行爲槪念이 犯罪論體系에 있

---

3) P. Bockelmann, Strafrecht, AT. 3. Aufl., 1979. S.43 A.Eser, Strafrecht 1, 3. Aufl, 1980, S.49; P. Noll, Der Strafrechtliche Handlungsbegriff, Kriminologische Schriftenreihe, Bd, 54, 1971. S.22.
C. Roxin, Zur Kritik der finalen Handlungslehre, ZStW 74. 1962. S.681.
4) 行爲槪念의 기능으로 Mezger는 分類的 기능과 定義的 기능을 들고 있고 (Mezger, a, a, O., S.94), Jescheck는 分類機能, 定義機能, 限界的機能, 連結的機能을 들고 있다.(H. H. Jescheck, Der Strafrechtliche Handlungsbegriff, in dogmengeschichter Entwicklung, in: Festschrift. fur Eb. Schmidt, 1961. S.140.)

어서 根本要素(Grundelement), 連結要素(Verbindungselement), 限界要素(Grenzelement)로서의 기능을 갖는다고 설명하였다.[5]

먼저 根本要素로서의 기능은 刑法的 價値判斷의 테두리 內에서 고려의 대상이 되는 모든 述語(Prädikate)와 附加語(Attribute)는 記述的인 것이든 規範的인 것이든 모두 共通의 基本槪念인 行爲槪念에 포섭되어야 한다는 論理的 意味의 機能이 그것이다. 그리고 連結要素로서의 기능은 行爲를 不法·責任·刑罰이라는 刑法的 價値判斷 속에 체계적으로 연결시키는 體系的 意味로서의 기능인 것이다. 끝으로 限界要素로서의 기능은 刑法的으로 전혀 의미 없는 行態를 처음부터 刑法的 考築의 대상에서 배제한다는 實際的 意味이다.[6]

종래의 行爲論이 前法律的·存在論的 行爲槪念과 法的·規範的 行爲槪念으로 대립시켜 온 것은 위의 行爲槪念의 기능 중 어느 기능을 중요시 할 것이냐에 관련된 대립이라 할 수 있다. 일반적으로 因果的 行爲論과 目的的 行爲論은 存在論的行爲槪念을 표방하고 社會的 行爲論은 規範的 行爲槪念을 전제로 한 것으로 이해되고 있다. 이제 各行爲論에서 보는 行爲認念을 行爲槪念의 기능과 관련지워 살펴보기로 한다.

---

5) E. Maihofer, Der Handlungsbegriff in Verbrechensystem, 1953, S.6.
6) 沈憲燮, "行爲論", 刑事法講座 Ⅰ, 博英社, 1981, 109面도 刑法上의 行爲槪念은 規範的, 機能的行爲槪念으로 보면서 그 機能에 대해서는 Maihofer 가 提示한 根本要素, 結合要素, 限界要素로서의 기능에 가감할 것이 없다고 본다.

II. 因果的 行爲槪念

19세기 미래 급속히 발전한 自然科學의 영향은 刑法에 있어서도 行爲는 外的(客觀的)因果過程과 內的(主觀的)意思라는 상이한 要素에 의하여 구성되어 있다고 보게 되었고, 따라서 行爲를 意思에 의하여 外部世界에 야기된 순수한 因果過程(Kausalvorgang)으로 이해한 것이 바로 因果的 行爲論이다. 여기서 因果的 行爲論은 「意慾된 身體活動」(Beling),7) 「有意的 擧動에 의한 外界의 변화」(Liszt),8) 「意慾된 作爲 또는 不作爲」(Mezger)9)라고 하나 보통 「意思에 의한 身體的 動作 또는 態度」10)라고 정의하고 있다.

因果的 行爲論의 특색은 行爲를 일정한 擧動의 有意性(Willkürlich-keiteines bestimmtes Verhaltens)으로 족하다고 보는 데 있다. 즉 여기서 意思는 행위를 발생시키는 因果的 要素에 지나지 않고 일정한 목적을 향하여 조종하는 기능은 인정되지 않는다. 그러므로 因果的 行爲論에 의하면 行爲는 有意性(Willkürlichkeit)과 擧動性(Korperlichkeit)의 두요소로 구성되어 있다. 意思의 內容(Willensinhalt)은 行爲論에서는 전혀 意味를 가지지 않고 그것은 責任論에서 문제될 뿐이다.11) 이러한 行爲論은 人間의 意思가 因果的 機能을 가지는 데 그치고 사건의 진행을 조종하는 힘을 가질 수 없다는 점에서 因果的(Kausal)12)이며, 自然法則을 法則을 刑法에 도입하여 因果의 進行과

---

7) E. Beling, Die Lehre Vom Verbrechen, 1906. S.7.

8) V. Liszt, Lehrbuch des deutschen Strafrechts, 2 Aufl., 1884. S.104.

9) E. Mezger, Moderne Wege der strafrechtsdogmatik., 1950. S.12.

10) 鄭榮錫, 刑法總論, 法文社, 1987. 98面 以下.

11) 因果的 行爲論의 대표자라고 할 수 있는 Mezger도 그의 行爲槪念은 실은 目的的 行爲槪念에 속한다고 한다.(Mezger-Blei, S.54) 鄭榮錫, P95도 因果的 行爲論의 입장이라 할 수 있다.

自然科學的으로 結合된 結果만으로 構成要件이 충족될 수 있다고 보는 점에서 自然的(Naturlich)인 行爲論이라고 볼 수 있다.

그런데 이 因果的 行爲論은 有意性과 擧動性을 行爲要素로 보고 意思를 行爲에 대한 因果過程으로 파악하고 있지만 이에 대하여는 아래와 같은 批判이 제기되고 있다.

① 不作爲를 포섭하기 어렵다.[13] ② 自然思想과 구별되는 진정한 意思行爲의 本質을 파악하지 못한다.[14] ③ 社會的관계에서 가지는 행위의 意味와 重要性을 간과한다.[15] ④ 因果的 思考의 결과 문제의 犯行과 하등의 의미 있는 관계에 놓여있지 않은 인간의 行態(예컨대 殺人者의 出產行爲)에까지 소급하는 결과를 낳는다.[16] ⑤ 여기에서의 "行態"개념은 더 이상 定議되지 않는다면 體系的·實際的 價値가 없게 된다.[17]

여기서 行爲概念은 因果的으로 파악될 수 없다는 結論이 나오게 된다.

---

12) H. H Jescheck, Der Strafrechtliche Handlungsbegriff in dogmen-geschichter Entwicklung, in; Festschrift für Eb. Schmidt, 1961. S.174.

13) H. H. Jescheck, a, a, O., S.174.

14) 沈憲燮, "行爲論", 刑事法講義Ⅰ, 1981. 6面. Haft, Strafrecht, AT. 1980. S.20.

15) 沈憲燮, 前揭論文, 96面 및 黃山德, 前揭書 45面 참조.

16) A. Kaufmann, Die ontologische struktur der Handlung in; H. Mayer -Festschrift, Berlin, 1966, S.93, S.117; Schönke-Schröder StGB; Stratenwerth, Strafrecht, S.61.

17) H. H. Jescheck, Strafrecht, Allg, Teil, 2 Aufl, S.166.

Ⅲ. 社會的行爲槪念

社會的 行爲論은 별다른 통일적인 哲學的 바탕을 토대로 발전된 것은 아니다. 法學的 思考란 '日常的이고 社會的'인 世界像을 전제하고 있어야 한다는 思想이 그 바탕인지 모른다.(Engisch), 더 지적한다면 場會的 實在論(Realismus)과 實在的 存在論(Realontologie) 등 일 것이다.[18] 그러나 行爲에 국한해볼 때 그것은 진정한 上位槪念으로서의 行爲槪念이 犯罪論體系에 不可缺한 것임을 강조한다. 즉 범죄론 체계에서 行爲는 '論理的'으로는 最近類의 上位槪念으로서 根本要素이고, 體系的으로는 기타의 評價들(-構成要件-不法-責任-刑罰)의 기능적 관련을 가능케 하는 綜合要素(Verbindselement)이고, 實際的으로는 刑法的 考察의 下限을 긋는 限界要素(Grenzelement)라고 본다.[19] 따라서 社會的 行爲論은 刑法上 行爲를 不作爲나 인식 없는 過失犯은 물론, 나아가 忘却犯에까지 타당한 行爲槪念을 찾는다. 특히 Jescheck은 行爲의 存在構造(因果性, 目的性)와 不作爲에서의 行爲期待(規範的要素)라는 세 가지의 상이한 징표를 종합해 주는 것은 '人間行爲의 社會에 대한 관계'를 고려할 때에만 가능[20]하다고 보고 있다. 이들에게 있어서는 視野가 넓다. 따라서 그 관심의 중점도 각각 상이하다. 즉 혹은 客觀的 行爲傾向에 치중하든가(Eb.Schmidt, k.Engish, W.Maihofer) 혹은 主觀的 目的設定도 포섭하며(Jescheck, Wessels) 혹은 規範性을 강조하는 이도(D. Kienapfel) 있다.

---

18) 沈憲燮, 前揭論文, 99面.

19) 특히 E. Maihofer, Der Handlungsbegriff im Verbrechemssystem, Tübingen, 1953. S.6 이하 社會的 行爲論에 관한 소개로는 沈在宇, "刑法論에 있어서 目的的 行爲論과 社會的 行爲論", 저스티스 제13권 제1집, 1975. 同敎授, 社會的行爲槪念, 考試界 1976. 7月號가 있다.

20) H. H. Jescheck, Lehrbuch, 2, Aufl, S.168.

이 같은 社會的 行爲論者들의 行爲概念을 보면 다음과 같다.

Eb.Schmidt는 社會的 外部世界에 대한 有意的 行態(V. Liszt-Schmidt s.154) 또는 그 작용력이 타인과의 생활영역에 미치고, 規範的 視點下에서 社會的 意味統一體를 이루는 有意的 行態[21]라고 하고, K. Engish는 예견가능하고 社會的 重要性이 있는 결과의 有意的 惹起[22]라고 하며,

E. Maihofer는 객관적으로 예견가능한 社會的 結果에도 定向된 客觀的으로 支配可能한 行態[23]라고 말하고,

H. H. Jescheck는 社會的으로 중요한 人間行態[24]라고 하며,

J. Wessels는 人間의 意思에 의해 지배되었거나 支配可能한 社會的 重要性이 있는 行態[25]라고 말하고

沈在宇 敎授는 犯罪行爲는 槪念必然的으로 社會的 行爲일 수밖에 없다고[26] 말하고 있다.

以上과 같은 內容上의 具體的 差異에도 불구하고 이러한 行爲定義들의 共通點이 있다면 그것은 바로 이들이 行爲의 本質的인 要素를 社會的이란 槪念 속에서 바라보고 있다는 점이다. 녹신(C. Roxin)은 최근에 발표할 논문에서[26-1] 社會的行爲槪念에 관하여, 즉「社會的 行爲槪念은 犯罪的 行態의 모든 現象形態기 무리 없이 社會的 現象으로 특징지어질 수 있다는 점에서 基本要素로시 適合한 깃이라 할

---

21) Eb. Schmidt, Soziale Handlungslehre, K. Engish-Festschrift 1969. S.340.
22) K. Engish, Der Finale Handlungsbegrift, Kohlrausch-Festschrift, S.161.
23) E. Maihofer, Der Soziale Handlungsbegriff, Eb. Schmidt-Festschriff, S.158.
24) H. H. Jescheck, Lehrbuch, 3, Aufl. S.177.
25) J. Wessels, Strafrecht, AT.4. Aufl. S.16.
26) 沈在宇, "目的的 行爲論과 社會的 行爲論", 져스티스, 1975, 125面
26-1) C. Roxin, Der Begriff der Handlung. in der neueren Diskussion der deutschen strafrechts dogmatik, 고려대학교 초청연설, 1984.9. 참조.

114

수 있으며 또한 結合要素로서도 自然的 行爲槪念이나 目的的 行爲槪
念보다 훨씬 더 適格이라 할 수 있을 것이다. 왜냐하면 刑法的 評價
는 '筋肉運動'이나 혹은 不作爲에 있어서는 缺如되고 過失行爲에서는
重要하지 않은 目的性에 연결시킬 때보다는 오히려 모든 事案에 存
在하고 있는 社會的 生起에 接木시킬 때 비로소 더욱 分明하여지기
때문이다.」27)라고 하면서 그 장점을 서술하고 있다.

그러나 社會的 行爲槪念은 이상과 같은 장점에도 불구하고 많은 약
점을 가지고 있다. 첫째, 녹신에 의하면 「이 槪念은 實踐的으로 중요
한 限界機能을 만족시켜 주지 못한다. 왜냐하면 단순한 思念은 社會
的 評價를 배제하려는 것들, 예컨대 法人의 行爲, 直接的·物理的 暴
力(vis absoluta)의 作用, 순수한 反射的 運動이나 그 밖의 操縱不可能
한 運動은 철두철미하게 社會的으로 重要한 것이기 때문이다. 그리하
여 마침내 社會的 行爲槪念의 代表者들은 有意性(Willkürlichkeit)이
나 支配可能性(Beherrschbarkeit)의 基準에 依據하는 方法으로 自然
的行爲槪念을 借入하게 되었고 또한 이로써 이 自然的 行爲槪念에 대
해 提起되었던 바로 그 異論 앞에 또다시 直面하지 않을 수 없게 되었
거나 혹은 限界機能을 社會性이란 標識 밖에 놓여있는 어떤 行爲要素
에로 轉嫁시키지 않을 수 없게 되었던 것이다」27-1)라고 한다. 그래서
Jescheck도 그의 定義의 範圍 內에서 行態(Verhalten)를 '行爲可能性
에 대한 應答'28)이라고 規定함으로써 종래의 行爲槪念에다 하나의 새
로운 獨自的 意味를 부여하고 있다. 이것은 과연 注目할 만한 發想이
긴 하지만 社會的 重要性이란 基準과는 아무런 關係도 갖고 있지 못

---

27) 金日秀, 刑法學方法論, 132面 參照.
27-1) C. Roxin, 前揭강연 참조.
28) H. H. Jescheck, Der Strafrechrtliche Handlungsbegriff in dogmenge-
    schichtlicher Entwicklung, S.153. Eb. Schmidt-Festschrift, 1961, S.152.

한 것이란 점에 問題가 있다. 더군다나 우리는 또한 社會的 重要性이란 도대체 어느 範圍까지 該當되는 것인가, 즉 다시 말해 反作用 可能性의 實現을 좋아하여 狀況이 要求하는 바에 대한 어떠한 應答이 社會的 重要性의 缺如를 이유로 行爲槪念으로부터 떨어져 나와야 하는가에 대해 묻지 않으면 안 되게 되었다.

둘째, 社會的 行爲槪念의 난점은 綜合要素에서도 나타나는데, 構成要件該當性이 때때로 行態의 社會的 重要性을 근거지우며 또 다른 어떤 경우에 있어서는 社會的 重要性의 決定에 規準的인 영향을 미친다고 말할 수 있다. 이와 같은 法的評價와 社會的 評價의 相互依存性으로 인하여 社會的이란 範疇는 構成要件에 앞서 있는 것이라기보다는 오히려 構成要件의 領域 속에 위치하고 있는 것이라 할 수 있다. 바로 이점과 相應하게도 대부분의 社會的 行爲論의 主張者들은 그들의 行爲槪念으로써 豫見不可能한 因果過程들을 刑法으로부터 배제하려고 하고 있다.

결국 社會的 重要性(Sozialerheblichkeit)이란 이러한 槪念의 言明能力에도 不拘하고 體系的 結合要素로서는 그렇게 適合한 것이라 할 수 없다. 셋째, 이에 의하면 社會的으로 重要한 行爲뿐만 아니라 社會的으로 중요하지 않은 行爲라는 것도 당연히 존재할 수 있는 것이다. 그러므로 社會的 重要性이라는 것은 行爲가 帶有할 수도 있고 혹은 帶有하지 못할 수도 있는 일종의 屬性에 불과한 것이다. 따라서 이러한 社會的 重要性이 결여된 경우에는 行爲 그 자체가 脫落되는 것이 아니라 단지 行爲의 社會的 意味性만이 脫落될 뿐이다.29)

이러한 社會的 行爲槪念의 난점 이외에 여러 學者들에 의해 아래

---

29) 왜냐하면 이러한 개념에서는 法的인 評價述語가 附着될 수 있는 '實體'(substantiv)가 문제되고 있는 것이 아니며 오히려 단지 不法評價에서 중요한 하나의 屬性(Eigenschaft)만이 나타나고 있을 뿐이기 때문이다.

와 같은 批判이 提起되고 있다.

우선 첫째, 社會的 行爲論 일부에서도 Maihofer는 '有意性'을 포기해야만 인식 없는 過失犯을 설명할 수 있다고 본다.[30] 둘째, 社會的 行爲論은 犯罪論은 犯罪論의 體系的 構成, 특히 不法과 責任의 개념의 구성에 하등의 의미를 갖지 못하고 歸責的 行爲의 下限만 구획하는 消極的 機能에 그친다.[31] 셋째, 社會的 중요성과 의미는 法律의 규정을 통해 비로소 얻어진다.(Bockelmamn)[32]

넷째, 사회적 의미 없는 行態도 때로는 可罰的이다.(Baumann)[33] 여기서 行爲槪念을 社會的行爲槪念으로 파악함에는 너무나 많은 문제가 있음을 알게 되었다.

Ⅳ. 行爲槪念과 目的的 行爲論

1. 目的的 行爲論의 內容

新存在論(neue Ontologie)의 영향을 받은[34] Welzel은 從來의 行爲

---

30) Maihofer는 有意性(Willkurlichkeit)을 완전 排除하고 있음이 주목된다. 예컨대 運轉者가 갑자기 나타난 어린이를 傷하지 아니하려고 브레이크를 밟으려 한 것이 액셀(加速페달)을 밟을 경우는 有意的인 것이 아니라고 한다.(E. Maihofer, Der Soziale Handlungsbegriff, in; Festschrift für Eb. Schmidt, 1961. S.164)

31) 특히 Schönke-Schröder. StGB. (kommentar), 1986. S.117.

32) P. Bockelmann, Allgemeiner, Teil, 3. Aufl, 1979. §11 Ⅱ3.

33) J. Baumann, Strafrecht, Allgemeiner Teil S.200ff.

34) Welzel은 基本構造를 論함에 있어서 하르트만(Nicolai Hartmann)의 「倫理學」(第三版, 191面 以下.)를 參照한다.(H. Welzel Das deutsche Strafrecht, 5, Aufl. 1956, S.28; derselbe, Das neue Bild des Strafrechtssystems, 3. Aufl. 1957. S.3.)

論이 意思內容을 意思效果, 卽 因果的經過와 峻別하여 後者만을 行爲라고 把握함으로서 行爲의 存在構成을 그르친다고 批判하고 「行爲는 自然科學的으로 또 法學的으로 解體되기 前에 現實의 社會生活 속에 本來的 統一體(ursprungliche Einheit)로서 實在의 意味에 찬 全體(reale, sinnvolle Ganzheit)로서 現存하므로 因果的 및 心理的部分으로 分割되어서 法學的으로 解體되기전에 行爲는 무엇이냐」35)을 問題삼을 것을 主張한다.

　이리하여 Welzel은 모든 評價와 規定에 앞서 所與되어 있는 行爲의 存在論的·事物論理的 構造를 다음과 같이 把握한다.

　「人間의 行爲는 目的活動의 實行이다. 그러므로 行爲는 目的的 生起(finales Geschehen)이며 單純한 因果的生起가 아니라 行爲의 目的性은 人間이 자기가 가진 因果의 知識에 基하여 自己活動의 可能한 結果를 一定한 範圍 內에서 豫見하고 그래서 諸種의 目標를 設定하거나 自己의 活動은 이 目標達成에도 計劃的으로 操縱할 수 있다는데 依據한다. 이리하여 因果的生起를 規制하는 目標意識的 意思는 目的的 行爲의 根幹이다. 그 意思는 外部因果的 生起를 超越決定(Überdeterminern)함으로써 이를 目標 志向的 行爲로 만드는 操縱因子이며 이것 없이는 行爲는 그의 實質的 構造(sachliche struktur)가 파괴되어 하나의 盲目的인 因果的過程으로 떨어진다. 따라서 目的意思는 그것이 外部的生起를 客觀的으로 形成하기 때문에 그러한 不可缺한 要素로서 行爲에 限한다」36)라고 하였으며, 또한 「行爲란 任意의 意思行動에 의하여 盲目的·因果的으로 惹起된 것이 아니라 一定한 性質을 지닌 合目的的인 意思作用에 의하여 客觀的인 經過 속에서 形成된 것」37)이라고 하면서, 因果的 因子로서

---

35) H. Welzel, Naturrecht und materiale Gerechtigkeit, 2.Aufl., 1955. S.197.
36) H. Welzel, Das deutsche Strafrecht, 6. Aufl., S.28f.

118

의 意思의 特質은 自己行動의 可能한 結果를 一定한 範圍 내에서 머릿속으로 豫想하고 이렇게 함으로써 外界에 대한 自己의 關與를 意味있게 規制할 수 있다고 지적한다.[38]

그는 行爲의 目的的 操縱(finale steuerung)은 두 段階로 行하여 진다고 말하고 이 두 段階는 간단한 日常生活的 行爲에서 서로 얽혀져있고 단지 槪念上으로만 區別될 수 있다고 한다.

첫째 段階는 全的으로 머릿속에서 진행된다. 卽, 目標를 先定하고 다음으로는 目標로부터 目標達成에 必要한 行爲手段(Handlungs-mittel)을 選擇하고 또 目標達成以外에 選擇된 行爲手段의 使用과 結附되어 있는 附隨的 結果도 고려된다. 이때 行爲者는 다음 둘 중의 하나를 選探하게 된다. 하나의 手段의 選擇을 是正하는 것인데, 이것은 곧 從來의 選擇된 手段을 制限하든가 또는 附隨的 結果가 나타날 것을 抑制할 만한 反對因子를 부가적으로 選擇하는 것이다. 다른 하나는 附隨的 結果를 回避하도록 行爲를 操縱하거나 또는 附隨的 結果를 고려해서 그것의 發生을 確信하거나 적어도 그 發生을 계산에 넣기 때문에 附隨的 結果의 實現을 자기의 意思 속으로 포함시키게 되는 수가 있다.

둘째 段階는 이들에 맞추어 行爲者가 自己의 行爲를 現實의 世界에서 實現한다. 卽, 그는 이미 選擇된 因果的 要因(手段)을 計劃的으로 適用한다. 行爲者는 目標뿐만 아니라 實現될 全體속에 採入된 附隨的 結果도 더불어 惹起시킬 미리 選擇된 行爲手段(因果的因子)을 計劃的으로 適用시킨다고 한다.[39] 目的的 操縱의 이러한 第2段

---

37) H. Welzel, Naturalimus und Wertphilosophie im Strafrecht, 1935. S.78.
38) H. Welzel a, a, O., S.79.
39) H. Welzel, Das deutsche Strafrecht, 11. Aufl., 1969. S.33ff.; 金鍾源, "行爲의 目的的構造" 司法行政(1971. 4), 39-40面.

階는 現實世界와 關聯된다. 卽, 그것은 思念的 世界에 대한 「手段과 目的의 決定」(Mittel-Zweck Bestimmung)에 依하여 支配된 現實에 있어서의 因果的 過程이다. 이때에 注意해야 할 것은 目的的으로 操縱된 手段이나 目標나 또는 附隨的 結果로 實現된 結果만이 目的的으로 招來된다는 것이다.

그러므로 目的的 實現意思에 包攝되지 아니한 結果나 附隨的 結果는 單純히 因果的으로 招來된 것에 지나지 않는다.[40] 예컨대 연습을 위하여 나무를 겨누어 사격을 하고서 그 나무 뒤에 있던 사람을 죽인 者는 물론 目的的 練習사격을 行한 것이지만, 그러나 결코 目的的 殺人行爲를 한 것은 아니다. 이 경우에 있어서 意慾되지 않은 그 以上의 結果(死亡)는 目的的 行爲를 통하여 盲目的으로 因果的으로 惹起된 것이다.[41] 그러므로 目的性은 單純한 「恣意性」과 混同되어서는 안 된다. 「恣意性」(Willkurlichkeit)이란 身體的 動作 및 그 結果가 무엇인가, 어떤 意思作用에서 由來한다는 것을 意味하며 이때 意思作用이 어떤 結果에 志向되어 있었느냐는 相關하지 않는다. 그래서 意慾의 內容을 度外視한다면 前例에 있어서의 사격자는 「恣意的行動」을 행한 것이다.

이와 같이 目的的 行爲는 「그 자체로서」(an sich) 또는 絶對的으로 存在하는 것이 아니고 實現意思에 依하여 設定된 結果, 願望된 目標, 使用된 手段 또는 實現意思 속에 採入된 附隨結果에 關聯하여서만 存在한다. 이 關聯이 目的的 行爲의 意味內容을, 이를테면 建築, 書寫, 殺人, 傷害 등으로 特徵지운다.[42] 이때 有意的으로 設定

---

40) H. Welzel, Das neue Bild des Strafrechtsystems, 3, Aufl., 1957. S.4-5.
41) H. Welzel, Das deutsche Strafrecht, 11, Aufl., 1969. S.33ff,; 金鍾源, 前揭 論文, 41面.
42) H. Welzel, Das deutsche Strafrecht, 6, Aufl.; S.29ff, derselbe Das neue

된 結果가 行爲構造 全體 속에서 바로 願望된 目標이냐 혹은 단지 適用된 手段이냐 혹은 實現意思 속으로 採入된 단순한 附隨的 結果이냐는 行爲의 意思內容에 있어 상관없고, 死亡이 意思活動의 目標였던 경우뿐만 아니라 그것이 그 이상의 目標(예컨대, 死者를 相續하기 위한)를 위한 手段을 이룬 경우나 死亡이 實現意思 속으로 함께 採入된 附隨的 結果였던 경우에도 目的的인 殺人行爲가 存在한다. 그래서 하나의 目的的 行爲는 有意的으로 設定된 여러 가지 結果에의 關聯을 통하여 重複된 行爲意味를 가질 수 있다.[43] 이리하여 盜取를 위한 絞殺의 例에 있어서 이 行爲는 追求된 目標와의 關係에서는 所有權侵害行爲가 되고, 使用된 手段과의 關係에서는 自由剝奪行爲가 되고, 그리고 目標達成과 함께 實現된 副作用과의 關係에서는 殺人行爲가 되는 것이다.[44] 그리고 勿論 目的的 行爲는 行爲의 外部的遂行 그 自體에도 미치므로 目的的 操縱의 「結果」가 단순한 거동밖에 안 되는 수가 있다.(體操, 散步, 댄스) 또한 散步와 같이 慣習的인 숙련의 결과 自動化된 身體的動作도 역시 目的的으로 操縱된 거동이다.[45]

다음으로 Welzel은 目的的 行爲를 所爲槪念(Leistungsbegriff)으로 把握함으로써 未遂行爲 및 過失行爲를 目的的 行爲라고 했다.

卽, 「目的的 過程이 目的的으로 支配되기 위해서는 因果的 關係에 대한 適切한 知識과 그리고 行爲者에 의한 事實的 因子의 正確한 選擇이 있어야 한다. 目的的 決定의 思念的 段階(卽, 第1段階)에 있는 行爲者가 事實的 因子의 因果的 法則을 活用하는 경우에만 限

Bild des Strafrechtssystem, 3, Aufl., S.3ff.

43) H. Welzel, Das deutsche Strafrecht, 11. Aufl., 1969, S.33ff. 金鍾源, 前揭論文, 41面.(확인바람)

44) H. Welzel, a, a, O., S.33ff.; 金鍾源, 上揭論文, 41面.

45) H. welzel, a, a, O., S.33f. 金鍾源, 上揭論文, 41面.

하여 그는 그것을 支配하고 그리고는 現實의 因果的 過程을 有用하
여 그쪽으로 돌려댈 수 있다. 그러므로 모든 目的的 行爲는(그것의
産物이 價値가 있는 가에는 關係없이 人間이 旣存의 事實的 因子와
因果的 法則에 關聯을 맺으면서 盲目的인 因果的 事件으로부터 收
奪的으로 만들어진 하나의 所爲(Leistung)라고 볼 수 있다.46) 行爲
者가 이러한 所爲를 이룩하는 데까지가 또한 現實的 生起의 目的的
超越決定이다.

　이 限界는 두 方向으로 存立한다. 卽, 하나는 目標達成에로 進行
된 事實的 因子가 意慾된 目標에 到達하지 아니한 경우이다. 이때
行爲는 未遂過程을 超越한다. 또 하나의 進行된 事實的 因子가 實
現意思에 使하여 含括된 結果 以上의 것을 惹起한 경우이다. 여기
서는 目的的 決定이 事實的過程 뒤에 머문다. 그런데 이러한 경우
는 엄격히 말한다면 모든 行爲에 있어서 일어난다. 어떤 原因狀態
(Ursachkonstell -ation)의 效果는 無限히 계속하므로 어떤 行爲의
效果도 原理上 無限定이다. 따라서 人間은 항상 이러한 效果의 一
部만 豫見할 수 있고, 또 이로서 目的的으로 支配할 수 있다. 그렇
지만 所爲槪念으로서의 行爲에 關聯됨으로써 이러한 非目的的이요,
單純히 因果的인 結果가운데서 一部가 抽出된다.47)

　單純한 自然的過程이상으로 그 무엇인가를 만들어 내는 行爲에 대
한 目的的 操縱은 意慾된 結果를 計劃的으로 實現시키는 것에만 關
係하는 것이 아니라, 또한 意慾되지 아니한 附隨的 結果를 計劃的으
로 回避하는 것까지도 包含하여 關係하고 있다. 그렇다면 反對로 생
각해서 다음과 같은 경우에, 卽 意慾된 結果(失敗未遂에 있어서와 같
이)가 到達되지 않은 경우라든가 行爲手段의 操縱을 잘하였더라면

---

46) H. Welzel, Das deutsche Strafrecht, 6, Aufl., S.31f.
47) H. Welzel, a, a, O., S.31-32.

回避할 수 있었을 附隨的 結果가 그 操縱을 잘못하였기 때문에 回避하지 못하였다는 경우에도, 1人間의 行爲로서의 目的的 行는 缺如된 것이라고 볼 수 있다. 그리고 이에 해당하는 것은 過失行爲이다. 卽, 過失行爲는 만일 行爲手段(自身의 身體的 거동을 포함)을 選擇하고 使用함에 있어서 行爲의 目的的 操縱을 좀더 잘하였더라면 回避할 수 있었을 非目的的이요, 純因果的인 附隨的 結果를 가지는 行爲인데 이러한 意味에서 이것도 目的的 行爲가 된다.48))

例를 들어서, 어떤 婦人이 물이 들은 그릇을 窓가에 保護되지 않은 채(ungeschaetzt) 두고서 窓을 닦다가 그 그릇을 밀어버린 結果로 거리에 지나가는 사람의 머리 위에 떨어뜨렸다면, 여기서 그 婦人은 순전히 因果的으로(非目的的으로) 傷害를 惹起한 目的的 行爲(창닦기)를 하였다. 그런데 非目的的인 附隨的 結果는 行爲手段의 選擇 및 使用에 際하여 보다 나은 行爲操縱을 함으로써 回避되었을 것이기 때문에 行爲手段의 目的的 操縱은(특히, 保護되지 않은 채 물그릇을 창가에 두는 것) 缺陷이 있다는 것이다.49)

2. 社會的 行爲論으로부터의 批判 및 再反論

目的的 行爲論으로서는 行爲의 社會的 意味를 해석할 수 없다는 비난이 일부 學者들 사이에서 일어나고 있다. 즉, 슈미트, 마이어, 마이호퍼 등은 行爲의 社會的 意味는 항상 一次로 客觀的·社會的으로 규명되어야 하는 것이며, 目的的 行爲論에 있어서와 같이 主觀的·目的的으로 규정되는 것은 아니라고 主張하면서, 새로이 前

---

48) H. Welzel, Das neue Bild des Strafrechtssystems, 3. Aufl., 1957, S.6.
49) H. Welzel, Das deutsche Strafrecht, 6, Aufl., S.31f. derselbe, Das neue Bild des Strafrechtssystems, 3. Aufl., 1957. S.6f.

述한 「社會的行爲概念」이라는 것을 생각하고 있다.[50]

　그러나 目的的 行爲概念은 行爲者의 主觀的 意思가 그대로 行爲의 社會的 意味를 決定(entscheiden)한다고 주장하지 않는다. 行爲의 社會的 意味는 실현된 結果에 따라 결정되는 것이지만, 그러나 이때의 이 結果는 그것만이 行爲의 社會的 意味를 결정하는 것이 아니라 目的的인 行爲意思와 함께 그러한 意味도 決定되는 것이다. 이리하여 醫師의 잘못된 手術로 患者가 죽은 경우와, 刺客의 습격으로 被害者가 죽은 경우는 다같이 칼로 찔러 죽었다고 할지라도 그 社會的 意味는 같지 않은 것이다. 目的的 行爲論은 이와 같이 目的的 行爲意思와 結果가 行爲의 社會的 意味를 「함께 규정한다」(mitbestimmen)고 보는 것이므로, 소위 社會的 行爲論의 비난은 타당치 않다.[51] 前述한 바와 같이 目的的 行爲論은 본래 行爲의 社會的 意味를 밝히기 위하여 -그것을 밝힐 수 없는 因果的 行爲論에 반대하면서- 주장된 것이었다.

　결국 몇 가지 단점은 있으나 그래도 行爲概念을 統一的槪念의 次元에서 설명하면서 만족스럽게 해답을 제시해 주는 行爲論은 역시 目的的 行爲論이라 하겠다. 目的的 行爲論 입장에서 過失犯의 問題를 해결하고자 하는 태도는 序論에서도 밝혔듯이 本 硏究는 목적상 당연한 것이라 할 수 있다.

---

50) Eb. Schmidt, Die Militarische Strafrecht und ihr Tater, 1935, S.22f.
51) 同旨, 黃山德, 刑法總論, 第7訂版, 1987. 48面 以下.

第2節 目的的 行爲論의 過失槪念

Ⅰ. 過失의 行爲槪念

目的的 行爲論에 의하면 「行爲란 人間의 目的的 活動性의 遂行이
다」라는 行爲槪念은 過失行爲에 대해서도 적용되는 것으로 파악되고
있다.52) 황산덕 博士의 견해는 다음과 같다.53) 「……하나의 過失行
爲가 行爲로서 存在하기 위해서는 −비록 結果에 대해서는 故意가
없었으나− 結果와는 다른 그 무엇에 대해서는 行爲者의 目的의 입
장에서 目的的이 아니면 안 되고, 이러한 한에 있어서 그것도 存在論
的 領域 內에서 훌륭한 目的的 行爲가 될 수 있다고 생각된다.」

過失行爲 역시 目的的 行爲라는 理論이 확정되기 전에 目的的 行
爲論의 過失行爲槪念은 상당한 변화를 겪었다. 벨첼은 처음 過失犯
의 結果는 目的的으로 실현된 것이 아니라 盲目的 因果的으로 발생
한 것이므로 行爲槪念은 現實的 目的性 이외도 潛在的 目的性까지
확대되어야 한다고 하면서 過失行爲를 潛在的 目的性에 의하여 目
的的으로 회피할 수 있었던 因果過程이라고 설명하였다.54) 그러나
潛在的 目的性은 事實槪念이 될 수 없으므로 事實槪念인 目的性이
아니라는 니이제의 批判을 받자,55) 벨첼은 過失行爲의 本質的 要素
는 그 結果가 아니라 行爲遂行의 종류와 방법, 즉 注意義務違反에
있다는 데에서 그 意義를 찾아야 한다고 하였다. 여기서 벨첼은 '故

---

52) H. Welzel, Das deutsche Strafrecht, 11.Aufl., S.130.
53) 黃山德, 刑法總論 第6訂版, 1981. 50面.
54) H. Welzel, Um die finale handlungslehre, 1949. S.17.
55) W. Niese, Finalität, Vorsatz und Fahrlässigkeit, S.40.

意犯과 過失犯은 構成要件上 서로 다른 관점에서 目的的 行爲를 대상으로 한다. 故意犯의 構成要件은 그러한 결과에 대한 目的的 行爲의 遂行方式, 즉 통념상 요구되는 注意를 침해한 行爲 遂行을 대상으로 한다. 過失犯의 構成要件에 있어서는 目的的 行爲의 구체적 遂行 또는 操縱은 사회적으로 소망스럽지 못한 결과를 회피하기 위한 표준적이고 指導形象的인 社會的 行動과 관련되는 것이다.'라고 말했다.56)

  결국 目的的 行爲論에 의하면 過失行爲도 目的的 行爲이다. 다만 그 目的性은 構成要件的 結果와 직접 관련되어 있지는 않다.57)

Ⅱ. 社會的 行爲論에서의 批判과 再反論

  過失犯의 경우 目的的 行爲가 存在하지 않는 경우가 있다는 批判이 있었다. 沈在宇 敎授의 설명은 다음과 같다. 「예컨대 건널목지기가 졸다가 열차 충돌사고를 일으킨 경우는 어떠한 형태의 目的的 行爲도 존재하지 않는다. 그러나 過失行爲는 存在한다. 즉 構成要件的 結果 이외의 다른 結果에도 지향되어 있는 目的的 行爲조차 없지만 過失行爲는 成立하는 것이나. 마찬가지 例로서 의사가 환자의 수술시간을 깜박 잊어버리고 깊이 잠든 경우도 目的的 行爲는 存在하지 않는다. 그러나 過失行爲를 한 것이다. 이러한 例에서 알 수 있듯이 過失行爲는 目的的 行爲가 없는 경우에도 成立한다. 이것은 뒤집어 말하면 어떤 目的的 行爲가 있다는 것이 存在根據로는 될

---

56) H. Welzel, Das deutsche Strafrecht, 11. Aufl., S.130.
57) H. Welzel, Die finale Handlungslehre und die fahrlässigen Handlung, JZ, 1956. S.317.

126

수 없다는 점이다.」[58]

이 事例는 부당하다. 이 事例라고 하면서 事例가 들고 있는 例는 모두 不作爲에 관한 것이다. 作爲와 不作爲를 모두 行爲로서 파악하면 위 비판과 같은 결론이 타당하겠지만 目的的 行爲論은 不作爲의 경우는 行爲에서 제외하고 있다. 따라서 作爲犯에 관해서만 본다면 過失犯의 경우에도 目的的 行爲는 명백히 存在한다.」[59] 한다.

過失犯에 있어서 目的性은 構成要件外的 結果를 지향하고 있으므로 이는 刑法的 責任의 근거가 되고 있는 結果와 관련되지 못하고 따라서 이런 目的性은 刑法上 무의미하다는 批判이 있다.[60] 국내에서도 目的的 行爲論을 비판하는 견해를 취하는 학자들은 대개 이와 같은 취지의 의견을 피력하고 있다. 沈在宇 敎授의 견해는 다음과 같다.[61] 「만일 이 過失行爲를 目的的 行爲라고 한다면 法律上 얼마나 우스꽝스러운 結論이 나오는가를 벨첼의 例에 따라 생각해보기로 하자. 그에 의하면 간호원이 환자의 고통을 덜어주기 위하여 아무 豫見없이 致死量에 해당하는 몰핀 주사를 놓은 경우 그 간호원은 目的的 注射行爲를 한 것이지 目的的 殺害行爲를 한 것은 아니라고 한다. 물론 이 경우 目的的 殺害行爲는 없다. 그러나 刑法的 殺害行爲, 즉 過失致死行爲는 있지 않은가! 이 過失致死行爲라는

---

58) 沈在宇, "刑法體系에 있어서 過失犯의 構造" 고대법률행정논집 제18집, 71面.

59) H.J. Hirsch, Der streit um Handlungs-und unrechtslehre, insbesondere in Spiegel der ZStW. ZStW. Bd.93, S.837.

60) P. Bockelmann, Strafrecht AT, 8. Aufl., S.176.
H.H. Jescheck, Strafrecht AT, 3. Aufl., S.176.
Arthur kaufmann, Die finale Handlungslehre und die Fahrlässigkeit, Jus. 1967. S.149.

61) 沈在宇, "目的的 行爲論의 行爲概念에 대한 批判"考試硏究 1977. 4. S.59. 60.

것은 法學的 行爲槪念이지 非法學的 目的的 行爲槪念은 아니다.

만일 非法學的 目的的 行爲槪念으로부터 法學的 行爲槪念이 연역되어야 한다면, 즉 벨첼의 말대로 人間行爲의 目的的 構造가 刑法的 規範에 대하여 전적으로 構成的인 것이라면 이 경우 그 간호원은 殺害行爲때문에 處罰받아야 할 것이다. 이러한 不條理한 法理가 法學에서 承認될 수 있을 것인가, 그렇다면 交通事故時에 法官은 行爲者를 過失致死傷害때문에 處罰하는 것이 아니라 自動車 運轉行爲때문에 處罰해야 할 것이고. 放火 時에는 火災때문에 處罰하는 것이 아니라 촛불의 點火行爲때문에 處罰해야 할 것이다.」 車鏞碩 敎授의 견해는 다음과 같다. 「過失犯을 構成要件으로는 重要하지 않은 것을 目的한 行爲라고 强辯하는 견해도 있지만 刑法上 重要性이 인정되지 않은 行爲目的이란 刑法外的인 것으로써 문제시 할 필요가 없게 된다.」[62] 鄭盛根 敎授의 견해는 다음과 같다.[63] 「이러한 行爲는 法的으로 중요하지 아니한 行爲를 내용으로 하는 것이므로 法的 評價의 대상이 될 수 없다.」 李炯國 敎授의 견해는 다음과 같다.[64] 「過失行爲도 構成要件外的으로(즉, 結果와는 다른 그 무엇에 대하여) 目的的이라야 한다는 目的的 行爲論의 주장은 요청되는 內容의 방향이 構成要件에 결부되지 아니하기 때문에 만족스러운 것이 될 수 없다」 李在祥 敎授의 견해는 다음과 같다.[65] 「…… 行爲遂行의 操縱은 行爲目標와의 관계에서만 目的的이라고 할 수 있음에도 불구하고 過失犯의 그것은 刑法上 아무런 중요성도 인정할 수 없는 것에 대한 것이다.」 과연 이 批判은 目的的 行爲論이 당면한

---

62) 車鏞碩, "刑法上의 行爲論에 대한 檢討" 考試硏究, 1978. 10月號, S.120.
63) 鄭盛根, 刑法總論, S.194面.
64) 李炯國, 刑法總論硏究 Ⅰ, 124面.
65) 李在祥, 刑法新講(總論) 32面.

최대의 과제인 듯 하다.」[66]

過失犯에 있어서의 構成要件外的 結果를 지향한 現實的 目的性은 法的으로도 결코 무의미한 것이 아니라고 생각한다. 우선 行爲槪念은 不法評價에서 나타나는 屬性을 지시하는 것이 아니며 오히려 法的인 評價述語가 附着될 수 있는 實體를 지시하는 槪念임을 생각해야 한다. 行爲者의 現實的 目的性을 法外의 것으로 보고 전혀 고려의 대상이 아니라고 한다면 우선 무엇을 근거로 人間의 行爲가 있었다고 판단할 것인가의 문제에 부딪히게 된다. 위의 批判은 주로 過失犯에 있어서는 注意義務違反 또는 注意缺如가 그 핵심이므로 行爲槪念은 마땅히 이것을 지적하여야 할 것이라는 생각을 하고 있는 듯하다.[67]

그러나 行爲가 存在하는가의 여부의 판단만으로 刑法的 評價가 끝나는 것은 아니다. 行爲者가 注意義務를 위반하였는가 여부는 不法判斷을 통해서 밝혀진다. 行爲者의 現實的 目的性을 제외해 버리면 도대체 意思에 의해 지배된 事態의 存在를 인정하기 어렵고 또 行爲者의 實現意思없이는 義務違反으로 評價되고 있는 實體가 무엇인지 확정하기 어려울 것이다.[68] 교통사고의 경우 운전사의 자동차 운전행위(現實的 目的性)를 제외해 버리면 과연 그와 별개로 過失致死行爲라는 實體가 存在하는가? 行爲槪念은 評價의 屬性을 나타내는 것이 아니라 評價述語가 부착되어야 할 實體를 지적하는 것임을 생각한다면, 간호원의 사례에서 目的的 注射行爲를 제외한다면 그와 별개로 過失致死行爲라는 實體가 존재한다는 주장은 납득하기

---

66) 李炯國, 刑法總論硏究 I, 124面.
67) 金日秀, 刑法學方法論, 130面.
68) Niese, Finalität, Vorsatz und Fahrlässigkeit S.58.
　　 H. Welzel, Das deutsche Strafrecht, 11. Aufl., S.130 :

어려울 것이다. 그리하여 녹신은 目的性이 故意行爲와 過失行爲의 共通的인 根本要素로서 가능할 수 있음을 긍정하고 있는 것이다.[69) 그럼에도 불구하고 녹신은 이러한 目的性은 刑法的으로는 아무 重要性이 없다고 하고 있는데[70) 어째서 重要性이 없다는 것인지 그 이유는 밝혀주고 있지 않다. 위의 事例들에서 또 다시 생각 가능한 것은 行爲者의 現實的 目的性은 構成要件外的인 것이므로 不法判斷에서 실제로 큰 비중을 차지하고 있는 結果의 측면을 전혀 고려하지 않게 되는 결론으로 이끌어 지게 되는 것이 아닌가 의심하고 있다는 점이다. 이 문제는 다음 項에서 다루겠다. 우선 명백한 것은 行爲者가 어떤 實現意思를 가지고 行爲하였는가의 問題는 刑法上 반드시 검토되어야 하는 문제라는 점이다.[71)

더 나아가 이 現實的 意思의 內容은 行爲無價値의 정도에도 영향을 미치고 있다.[72) 누군가가 過失로써 死亡의 결과를 야기한 경우 그 目的的 行爲의 내용에 따라서 行爲無價値의 정도는 다를 수 있다. 차량을 人道로 돌입시킬 때 행위자는 그 길이 車道인줄 알고서 돌입시킴으로써 행인의 사망의 결과를 낳았을 수도 있다. 이 例에서 보듯이 실제적 實現意思의 內容은 行爲無價値의 정도에 영향을 미치고 있는 것이다. 意思內容이 行爲無價値의 정도에 영향을 미친다는 것은 結果的加重犯의 경우 특히 明白히다.[73) 傷害致死罪의 不法은 단순한 過失致死罪의 不法보다 무겁게 평가되고 있는데(傷害致死罪는 3年 以下의 有期懲役, 過失致死罪는 2年 以下의 禁錮 또는 罰金刑) 이는 傷害致死의 경우 實在의 實現意思(目的性)가 身體

---

69) C. Roxin, a. a. O., S.130.
70) C. Roxin, a. a. O., S.130.
71) H. J. Hirsch, a. a. O., S.858.
72) H. J. Hirsch, a. a. O., S.858.
73) H. J. Hirsch, a. a. O., S.858.

傷害에도 향하고 있었다는 사실이 고려되고 있다는 것이다.

過失犯의 性格을 파악하는 데에도 약간의 異見이 있다. 過失行爲를 회피 가능한 法益侵害로, 즉 一般的으로 命令된 그리고 行爲者에게는 가능했던 目的的 操縱의 不存在로 파악하는 견해가 있다.[74] 目的的 操縱可能性의 缺如라는 표현도 있다.[75] 이런 견해는 부당하다. 行爲犯에 있어서는 命令된 行爲의 不履行이 아니라 禁止된 行爲의 履行이 義務違反의 實體인 것이다.[76] 따라서 過失犯에 있어서 行爲者는 行爲하는 것이 禁止되고 있는 것이다.[77] 다만 여기서 꼭 밝혀두어야 할 것이 있다. 위의 論義는 이제부터 시작되는 것이며 따라서 위에서 밝힌 결론도 일시적으로 내린 것에 불과하다는 것이다. 이 문제는 消極的 行爲槪念과 밀접한 관계가 있다. 消極的 行爲槪念을 주장하는 학자로서는 헤르쯔베르크,[78] 야곱스,[79] 베렌트[80] 등을 들 수 있다. 이 理論의 핵심은 回避可能性이라는 개념이다. 현재 行爲論的인 觀點에서 批判되고 있으나[81] 이 이론의 참된 관심사는 行爲論이 아니라 歸屬觀點과 그 具體化인 것으로 생각된다.[82]

---

74) Maurach/Zipf, Strafrecht AT, Teilband Ⅰ, 6. Aufl., S.196
75) Rudolphi, StGB kommentar Rn 30. Vor §§1. Rudolphi/Horn/Samson, Systematischer kommentar zum StGB. Bd. 1, 3, Aufl. 1981, Rn.30 Vor §§1, S.69.
76) H. J. Hirsh, a, a, O., S.858; F. Nowakowski, Zu welzels Lehre Von der fahrlässigkeit JZ 1958. S.335ff. 388ff.
77) H. J. Hirsch, a, a, O., S.858.
78) R. D. Herzberg, Die Unterlassung im Strafrecht und des Garantenprinzip, 1972. S.177.
79) G. Jakobs, Vermeidbares Verhalten and Strafrechtssystem, Welzel-Festschr. S.309.
80) H. J. Behrent, Die Unterlassung im Strafrecht, 1979.
81) 李炯國, 前揭書, S.133.
82) Jakobs는 1983年 발행된 그의 교과서에 부제로서 歸屬의 理論(Zurechnungslehre)이라는 表現을 쓰고 있다.

第3節 目的的 行爲論과 過失犯의 構造

I. 新·舊過失論의 檢討

1. 舊過失論

傳統的인 過失理論에서는 過失이란 不注意에 依하여 犯罪事實을 不認識내지 不認容한 것이고 이는 行爲者의 主觀的 心理的 事實에 屬하는 것으로서, 그 體系的 地位는 責任이라고 하여 왔다.

이것은 「違法은 外部的·客觀的인 것에 관계하고 責任은 內部的 主體的인 것에 관계한다」[83]는 傳統的인 命題에 基礎를 두면서 責任의 實體를 結果에 대한 行爲者의 心理的 關係라고 하는 思考의 歸結이며, 이에 따라 「行爲에 대한 判斷은 不法에, 行爲者에 대한 非難은 責任에」라는 命題가 타당하게 되었다. 卽 心理的 責任論에 의하면 平等하게 自由意思를 가진 人間이 故意 또는 過失이라는 一定한 心理狀態에서 犯罪行爲를 한 이상 結果發生에 대한 心理的 關係는 同一한 것이고, 다민 犯罪事實의 認容이 있있는가 또는 그 不認識 내지 不認容이 있었는가에 따라서 區別되며, 責任은 이 두 槪念의 上位槪念으로서 「責任의 種類」내지 「責任의 形式」에 불과하다고 하였다. 이리하여 責任의 形式으로서의 過失은 두 要件으로 이루어지는 것으로 說明되는 것인데, 첫째 要件은 過失의 消極的 標識로서 不注意가 있을 것(이는 故意와 區別케 한다)이며 둘째 要件

G. Jakobs, Strafrecht, AT.(Die Grundlagen und d.e Zurechnungslehre Lehrbuch) Walter de Gruyter, 1983.

83) H. Welzel, Das Neue Bild des Strafrechtssystems, 4. Aufl., 1961. S.27.

132

은 過失의 적극적 標識로서 不注意가 있을 것(이는 單純한 事故와 區別케 한다)이다. 따라서 舊過失理論은 過失犯의 構造를 結果·不注意한 心理狀態·因果關係의 세 가지 要素로 파악하고 發生된 結果를 出發點으로 하여 이와 相當因果關係가 있는 不注意한 心理狀態를 고려함으로써 過失犯을 構成하였던 것이며, 이때에 法益侵害의 結果는 行爲者의 過失에 依하여 惹起된 것이면 충분하고 過實行爲의 面은 전혀 고려할 필요가 없는 것이었다. 卽 法益侵害인 結果發生만 있으면 過失犯의 構成要件該當性과 違法性이 認定되고, 不注意한 心理狀態 따라서 結果豫見義務違反은 過失犯의 責任問題로 되었던 것이다.

그러나 이러한 傳統的인 犯罪理論의 體系下에서는 적어도 客觀的 注意를 다한 行爲일지라도 法益의 侵害 내지 危殆라는 結果惹起가 있는 한 違法이라고 判斷되는데, 이것은 너무나 常識에 어긋난다 할 것이다.[84] 例컨대 列車運轉士가 커브된 線路를 제한된 速力으로 또한 汽笛을 올리면서 진행하던 중 나무그늘에 숨어 있던 自殺企圖者가 갑자기 線路위로 뛰어든 경우 브레이크를 걸었으나 치어 죽인 事件을 생각해 보자. 종래의 體系下에서는 意思에 基한 身體的 動作(運轉)이 있고 이로 因한 結果(死亡)의 發生이 있다고 하여 違法한 것으로 보고 -理論體系上- 責任의 段階에서 犯罪事實의 認識·認容이 없으니 故意는 없고 다음으로 비로소 過失의 問題될 것이나 注意義務를 다한 것으로 認定되어 無罪로 될 것이다. 그런데 그 運轉行爲를 違法이라고 보는 것은 너무나 常識에 어긋난 것이다. 뿐만 아니라 構成要件該當性의 段階에서는 法益侵害란 점에서 同一한 故意殺人과 過失致死의 區別도 不可能하게 된다. 이와

---

84) 金鍾源, "過失犯", 「刑事法講座Ⅰ」, (서울; 博英社, 1981), 333面.

같은 不合理點을 지적하고 過失犯의 構造를 새로이 하려는 理論이
新過失理論이다.

2. 新過失論

現代의 技術文明의 進步는 人間生活에 많은 便益을 提供해 주고
있으나 反面에 이로 인한 大型事故의 危險 또한 增大시킴으로써 人
類에게 심각한 不安과 威脅을 주고 있다. 그런데 傳統的 過失理論
의 立場에서 볼 때에는 이러한 危險이 수반되는 行爲로부터 法益侵
害의 結果가 發生하면 그러한 行爲는 違法行爲로 되며 당연히 禁止
되어야 할 것이다. 그러나 그로 인해 追求되는 利益과 法益侵害의
結果發生을 比較하여 볼 때 이러한 行爲를 無條件 禁止시킬 수만은
없으며, 오히려 이러한 行爲를 장려하면서 同時에 法益侵害의 結果
를 防止하기 위하여 細心한 注意를 기울이게끔 유도하지 않으면 안
되며, 또한 그로 인한 危險發生을 어느 정도 감수하지 않으면 안
된다.

그리하여 生活必須的인 目的[85]을 追求하는 行爲는 必要한 安全措
置를 강구하는 이상, 卽 이러한 行爲를 한 者가 必要한 注意를 하면
서 過誤없는 態度로 나온 이상, 비록 法益에 대한 高度의 危險에 結
付되어 있고 또 이 危險이 現實化되더라도 許容된다고 보며 이때 法
秩序는 이러한 行爲의 遂行을 危險性이 있음에도 不拘하고 許容하므

---

85) 엥기쉬는 法秩序에 의해서 是認되는 特別한 目的으로서, 사람의 생명이
　　나 건강의 유지(수술, 구조작업), 학문의 진보(危險한 實驗), 交通上의
　　利益(기차운전과 자동차운전), 可能한 모든 方向에로의 敎育과 단련(스
　　포츠, 체소, 승마), 資財의 획득(採鑛, 工場, 採石의 事業)其他를 들고 있
　　다. Karl Engish, Untersuchungen über Vorsatz und Fahrlässigkeit, im
　　Strafrecht, 1930(Neudruck, 1964). S.287.

로, 그 危險이 現實化되더라도 그 行爲는 單純한 責任이 없게 되는 것이 아니라 適法한 것으로 보게 되며 이것이 이른바 「許容된 危險」이다. 그런데 이러한 行爲가 適法으로 되는 理由는 비록 結果發生(結果無價値)이 있을지라도 安全裝置, 따라서 豫想되는 危險에 대한 適切한 豫防措置 —客觀的 注意— 를 다하였다는 점에 있는 것이다.

이렇게 함으로써 不注意한 態度 即 過失行爲가 過失犯의 無價値性을 判斷하는 要素로 登場하게 된 것이다.

특히 이 許容된 危險의 理論은 Welzel의 目的的 行爲論에 依해서 學說로서 理論構成을 體系化하게 되었다.[86]

目的的 行爲論에 의하면 故意와 過失의 體系的 地位는 構成要件 내지 違法性이라 하고, 過失犯에 있어 結果를 發生시키는 것은 不注意한 心理的事實이 아니라 不注意한 目的的 態度라 하였다.[87] 이는 法侵害의 結果보다 그 結果에 이르는 過程을 중요시하고 違法判斷의 標準은 結果無價値를 포함한 行爲無價値에 두어야 한다는 것을 意味하는 것이다.[88] 即 結果가 갖는 意義만으로서가 아니라 結果에 이르는 過程의 意義도 重視하는 態度는 存在論을 배경으로 하는 目的的 行爲論 自體의 基本的 態度이기도 하지만, 新過失理論을 낳게 한 溫床이기도 하다.[89]

新過失論에 있어서 過失의 體系的 地位를 살펴보면 그 初期에 있어서는 過失 即 注意義務違反을 「過失行爲의 違法要素」[90] 또는 「過

---

86) H. Welzel, Studien Zum System des Strafrechts, ZStW. Bd. 58, 1939. S.518.

87) H. Welzel, Das deutsche Strafrecht, 11, Aufl., S.37f.

88) H. Welzel, Das deutsche Strafrecht, S.62f.

89) 新過失論은 오늘날 多數의 學者가 主張하고 있으며, 目的的 行爲論을 否定하는 立場에서도 主張된다.

90) W. Niese, Finalitat, Vorsatz und Fahrlässigkeit(Recht Und Staat,

失行爲의 違法性 自體」[91)라고 하였는데, 이에 의하면 不可抗逆이나 偶然的인 事故에 의한 結果發生도 過失犯의 構成要件에 該當한다고 해야 됨으로 妥當하지 않다.

그리하여 오늘날의 通說的 見解는 注意義務違反을 構成要件要素로 파악하고 따라서 故意犯과 過失犯은 構成要件의 段階에서부터 區別된다고 한다.

Ⅱ. 過失犯의 構造

이상 살펴본 바와 같이 新·舊過失論의 檢討를 통해서 過失은 構成要件의 段階에서부터 問題삼아야 한다는 것이 밝혀졌다. 卽 過失犯에 있어서도 故意犯의 경우와 마찬가지로 構成要件該當性·違反性·責任의 순서로 問題삼아야 한다. 그리하여 이러한 順序로 過失犯의 構造를 살펴보기로 한다.

1. 過失犯의 構成要件

過失犯을 處罰하는 典型的規定으로는 型法 第267條의 「過失(行爲)로 因하여 사람을 致死한 者는 -에 處한다」라는 規定을 들 수 있다. 이러한 刑罰規定에 있어서는 過失行爲의 可罰性은 法益이 侵害되었다는 事實에 依據되어 있다. 卽, 原則에 있어서의 過失犯은 「侵害犯」이다. 그러나 第316條의 過失에 依한 汽車 등의 交通妨害라든가, 第181條의 過失—手 등에 있어서와 같이 單純히 法益을 危殆하게 하는

156/157), 1951. S.42ff.
91) H. Welzel, Strafrecht, 3. Aufl., S.415f.

것으로서 充分한 경우도 있으므로 過失에 의한 侵害犯뿐만 아니라 過失에 의한 危險犯도 可能하다. 刑法上 過失犯의 構成要件에 관하여는 「過失로 因하여」라는 것 以外에는 별로 規定된 것이 없다. 그러기 때문에 過失犯의 構成要件은 法官에 의한 補充이 要請되는 開放的 構成要件(Offene Tatbestande)이 된다.92)

그러면 過失犯의 構成要件이 무엇인가를 살펴보자

첫째, 構成要件的 結果로서 某種의 事態가 發生하여야 한다. 그것은 法益侵害(死, 傷害, 火災, 溢水 등등)도 될 수 있고, 法益을 危殆롭게 하는 것(生命이나 身體에 대한, 財産에 대한, 國家의 安全에 대한 危險 등)도 될 수 있다.

① 그 結果는 構成要件的 行爲와 (相當한) 因果關係가 있어야 한다.

② 그 結果는 客觀的 注意의 違反이 現實化(realisieren)한 것이어야 한다. 結果가 注意義務違反의 行爲에 의해서 惹起되었지만 그 行爲가 注意에 맞게 행하여 졌어도 發生하였을 경우에는 여기에 該當하지 아니한다. 例를 들면, 不注意하게 車를 모든 運轉士가 갑자기 車道에 뛰어든 아이를 負傷케 하였는데 注意해서 車를 몰았어도 아이를 負傷케 했음에 틀림이 없을 정도로 아이가 갑자기 車道로 뛰어든 경우이다.93)

둘째 現實로 指向된 行爲는 結果로서 招來된 事態에 關하여 故意가 없어야 한다. 이와 같이 構成要件에 該當하는 結果的 事態에 관하여 故意가 없다는 점에서 過失犯은 故意와 區別된다.

그러나 其他의 點에 있어서는 過失行爲도 또한 하나의 目的的 行爲가 되지 않으면 안 된다. 卽, 그 行爲의 目標가(原則上) 法的(즉 構成要件)으로 문제되지 않는다 하더라도 行爲遂行(行爲手段)에 있

---

92) H. Welzel, Das deutsche Strafrecht, 11. Aufl., 1969. S.131.
93) H. Welzel, a, a, O., S.131f.

어서의 目的的 操縱이라는 것은 過失에 대해서도 決定的 意義를 가지는 行爲要素이다.

셋째 行爲에 대한 目的的 操縱은 法益侵害를 가져올 客觀的 危險을 招來하는 것이라야 한다. 過失犯이 構成要件上 危險犯으로 規定되어 있는 경우에는 別問題가 생겨나지 않는다. 이처럼 過失犯의 構成要件에 있어서 決定的인 要素는 行爲遂行, 卽 社會生活上 必要한 注意를 하지 않은(獨逸民法 第276條 參考) 行爲의 遂行이고 이것을 처벌하기로 構成要件은 規定한 것이다.[94]

2. 過失犯의 違法性

過失犯에 있어서는 그 構成要件이 實現되었다고 해서 卽, 法益侵害가 故意없이 招來되었다고 해서 그 違法性이 곧 들어나는 것은 아니다. 만일 그렇지 않다고 反對하기 위해서는 그것은 다음과 같은 假定을, 卽 構成要件該當的 侵害를 가져올만한 客觀的으로 認識可能한 危險이 있는 行爲는 모두 禁止되어 있다는 假定을 내세워야 한다. 그러나 이러한 假定이 不可避하다는 것은 現代의 市內交通을 보면 짐작이 된다. 따라서 客觀的으로 豫見可能한 法益侵害를 故意없이 가져오는 모든 行爲가 違法한 것이 아니라 過失로써 가져왔을 경우에만(社會生活上 必要한 注意義務에만) 그것은 違法한 것이 된다. 따라서 社會生活上 必要한 義務違反이 違法性의 本質的 要素가 된다. 卽, 過失犯의 違法性은 構成要件該當의 行爲가 행하여지고 그것이 法益의 侵害 내지 危殆 속에 現實化됨으로써 徵表된다.

따라서 故意犯의 경우와 마찬가지로 正當化事由(違法性 阻却事由)에 의하여 그 違法性이 阻却될 수 있다. 그러면 違法性의 徵表

---

94) H. Welzel, Das neue Bild des Strafrechtssystems, 3. Aufl., 1957. S.30.

138

인 社會交通上 要求되는 注意義務란 무엇인가를 살펴보자.

1) 正常의 注意(im Verkehr erforderliche Sorgfalt)

이 內容은 構成要件의 實現의 危險이(客觀的으로)[95]認識可能한데 이 危險을 고려해서 客觀的으로 命하여진 注意를 怠慢히 하는 것을 말한다.[96] 여기서 注意의 內容은 사려있고 신중한 사람이 行爲者와 同一한 事件下에서 어떠한 態度를 取할 것이냐에 따라서 具體的으로 決定된다. 卽, 危險을 思慮있게(einsichtig) 認識하는 것, (客觀的으로 豫見可能性)뿐만 아니라 그 危險에 대한 愼重한(適切한) 態度를 取하는 것까지 요구한다.[97]

따라서 獨逸判例는 「모든 사람은 그의 行爲를 法律에 規定되어 있고 또한 人間의 認識能力의 範圍 內에 있는 一定한 種類의 損害를 結果로서 招來하는데 그 行爲가 原因이 되지 않도록 指向시켜야 할 義務를 가지고 있다」[98]고 宣言하고 있다.

一般的 必須的인 注意를 要求하는 것은 「모든 사람에게 그의 行爲를 社會實情에 맞추어서 適切하게 義務를 課하는 것이다. 만일 이때에 그가 着手하려는 行爲가 適切하지 못할 경우에는 그는 이것을 中止해야 한다. 卽, 이와 같이 適切하지 못한 行爲를 中止한다는

---

95) 社會生活上 必要한 注意義務는 客觀的으로 規定되는 것이라고 理解되고 있고 이것이 通說이다. 注意義務의 標準이 客觀的이라는 것은 行爲者의 人格을 고려하여 標準을 決定하는 것을 말한다.

96) H.H. Jescheck, Lehrbuch des Strafrechts, Allg. Teil. 2. Aufl., 1972. S.428., 그리고 ( ) 속의 「客觀的으로는」라는 표현에 대하여는 예석의 교과서 S.437 參照.

97) 金鍾源, "過失犯理論의 새로운 考察", 法政(1964. 5).

98) 獨逸刑法判決集 第19券, 53面.
(Entscheidungen des Reichsgerichts in Strafsachen)

것이 그에 對하여 一般的으로 要求되는 注意의 內容이 된다.

그런데 만일 그가 이러한 行爲를 着手하였고, 그가 構成要件에 該當하는 結果를 「故意없이」 가져왔다고 하면(그러한 行爲의 不適切性을 그가 알 수 있었는가, 없었는가에 關係됨이 없이) 그의 行爲는 違法性을 가지게 된다.99) 그리고 이와 같이 違法한 行爲에 關하여 그를 非難할 수 있는가 없는가는 責任問題에 이르러 비로소 取扱된다.

結論的으로 客觀的注意라는 것은 法益侵害를 回避하기 위하여 社會生活 內에서 要求되는 程度의 目的的 操縱을 維持하는 것이다. 그런데 客觀的注意에 관하여 몇 가지 注意할 點이 있다.

(1) 保護法益에 대한 危險은 洞察力 있는(einsichtig) 判斷에 의하면 認識可能한 것이어야 한다. 이러한 客觀的 認識不可能性의 判斷을 함에 있어서 行爲者가 특히 알고 있는 바(das Sonderwissen der Tater)도 고려되어야 한다.100) 이러한 視點에서 獨逸判例는 道路交通의 基本原則인 「信賴의 原則(Vertrauensgrundsatz)」을 確立하고 完成하였다.(이에 관하여는 뒤에서 살펴보기로 한다.)

(2) 洞察力 있는 判斷에 의하면 法益에 대한 危險을 惹起하는 모든 行爲가 注意違反인 것은 아니다. 그렇지 않으면 社會生活에 있어서의 거의 모든 行爲는 하지 않아야 한다. 어느 정도의 危險을 간수하지 않고 交通에 關與하는 것은 전혀 不可能히다.

여기에 「愼重한」(besonnen)行爲라는 것이 附加된다. 即, 「交通上 正常的인」(Verkehrsnormal)내지 「社會相當한」(Soziale adaquat)程度를 넘어서는 危險行爲만이 注意義務違反이다. 이러한 「알맞은(massvoll)

---

99) H. Welzel, Das neue Bild des Strafrechtssystems, 3. Aufl., 1957. S.32.
100) H. Welzel, Das deutsche Strafrect, 11. Aufl., 1965. S.132: H. H. Jescheck, Lebrbuch des Strafrechts. Allg. Teil. 2. Aufl., 1972. S.437: J. Wessels, Strafrecht, Allg. Teil, 4, Aufl., 1974. S.122.

危險」의 限界를 긋는 데에 이바지하는 것이 「愼重한」 人間이라는 指導形相(Leitbild)이다.[101] 따라서 客觀的 認識可能한 危險을 回避하도록 愼重한 態度를 취한 것으로 인정되는 限 客觀的 主意違反은 없다.

(3) 危險에 관한 洞察力있는 認識과 危險에 대한 愼重한 態度와는 서로 關聯하는 두 개의 關點에서 個個의 경우의 客觀的內容이 얻어질 수 있다. 그런데 이 內容은 一般的인 經驗法則이나 規則으로부터 完全(abschliessend) 얻어질 수 없으며, 〈洞察力있고 愼重한 사람이 行爲者가 놓인 狀況下에서 어떠한 行爲를 했을까〉라는 方法的原理(methodische Prinzip)로만 얻어질 수 있다. 信賴의 原則은 注意概念을 實質的으로 具體化하는 데 있어서 重要한 役割을 한다.[102]

(4) 行爲者의 現實의 行爲가 위에서 確認된 客觀的 注意의 內容과 比較되는데, 이 注意에 맞는 適切한 行爲에 못 미치는(zuruckbleiben) 모든 行爲는 客觀的注意에 違反하는 行爲로서 適失犯의 不法構成要件에 該當한다.[103] 反對로 客觀的注意에 맞는 行爲는 不法構成要件要件該當性이 없다. 이러한 行爲의 結果로서 法益侵害가 發生하여도 그것은 單純한 不幸(Unglücke)에 불과하다.

2) 信賴의 原則과 許容된 危險의 理論

(1) 信賴의 原則(Vertrauensgrundsatz)

信賴의 原則은 過失犯의 違法性(客觀的 注意義務)과 關聯해서 1935年 獨逸에서 發達하였는데, 獨逸判例는 「自動車 運轉者는 다른

---

101) H. Welzel, Das deutsche Strafrecht, 11. Aufl., 1965. S.132.
102) H. Welzel, a, a, O., S.133f.
103) 社會生活上 必要한 注意의 違反에 관하여 Welzel은 構成要件의 문제로 보기도 하고 違法性의 문제로 보기도 한다. 여기서는 違法性의 문제로 보기로 한다.(H. Welzel Das neue Bild des Strafrechtssystems, 2. Aufl.,: Das deutsche Strafrecht, 1952. 1960).

交通 關與者가 交通規則을 지키리라는 것을 信賴해도 좋으며, 따라서 他人이 規則違反의 態度로 나오는 것을 念頭에 두고 있을 必要도 없다.」[104]라는 原則을 確立했으며 이러한 立場은 오늘날에 이르기까지 獨逸判例에 依해 계속 堅持되고 있다. 日本에서도 1966年에 처음으로 最高裁判所에서 採用하였고,[105] 그리고 우리나라에서 大法院判例는 처음에 軌道에 依한 交通手段에 關해서만 이 原則에 該當하는 判例가 있었으나, 나중에 점차로 高速道路上과 市內 自動車交通에 관해서도 信賴의 原則에 맞는 立場을 취하였다.[106]

본래 目的的 行爲論은 過失을 責任의 形式으로서가 아니라 違法行爲의 形式으로 보는 것인데 信賴의 原則 確立은 目的的 行爲論의 正當함을 立證해 주는 結果를 가져 왔다.[107]

(2) 許容된 危險의 理論(Erlaubtes Risiko)

이 理論은 客觀的 注意를 違法性의 문제로 보는 이러한 見解의 發展에 重要한 役割을 했다. 이 理論에 依하면 生活必須的인 目的을 追求하는 行爲(특히 採石, 採鑛, 鐵道나 自動車의 交通, 手術 등)는 必要한 安全措置를 講究하는 以上 비록 法益에 대한 高度의 危險에 結付되어 있고, 또 이 危險이 現實化되더라도 許容된다는 것이다. 卽, 法秩序는 그러한 行爲의 遂行을 危險性이 있음에도 不拘하고 許容하므로 그 危險이 現實化되더라도 그 行爲는 단순히 責任없게 되는 것으로 보는 것이 아니라 適法한 것으로 본다.[108]

이 理論은 「빈딩」[109]에 依해서 基礎지워졌고, 「엑스너」[110] 「엥기

---

104) 帝國 法院 第2刑事法 判決, RGST. 70, 71.
105) 刑集 第20卷, 10號, AT.面.
106) 大判 57. 2. 22; 大判 71. 5. 21; 大判 72. 2. 22.
107) 黃山德, 「刑法總論」(서울, 邦文社, 1987). 133面.
108) H. Welzel, Fahrlassigkeit und Verkehrsdelikte Zur Dogmatik der fahrlassigen Delikte. 1961. S.24.

쉬」111) 등에 依해서 發展되었다. 從來의 立場에서도 「許容된 危險」 (erlaubtes Risiko)의 理論이 構成되었는데, 이 理論은 從來의 體係와는 基本的으로 맞지 않는다. 왜냐하면 因果的 行爲에서는 有意的 行爲에 依해서 惹起된 結果가 過失犯에 있어서 決定的인 要素인데 반하여 許容된 危險理論에 依하면 비록 結果發生(結果無價値)이 發生할지라도 適切한 危險豫防 措置가 講究되었으면(行爲 價値가 없으면) 適切하게 되고 不法이 아니기 때문이다.

따라서 이 許容된 危險의 理論을 客觀的 注意義務違反(行爲無價値)이 過失犯에 決定的 要素라고 말한 目的的 行爲論에서 妥當하다는 結論이 생긴다.

過失犯의 決定的 不法要素는 단순한 結果無價値에 있는 것이 아니라 行爲無價値에 있는 것이다.112)

지금까지 서술한 것을 要約해보면 過失犯에 있어서의 決定的인 不法內容은 現實로 행하여진 行爲와 社會生活上 必要한 注意에 基하여 取했어야 할 行態와 不調和에 있는 것이다. 過失犯의 不法內容은 本質的으로 行爲의 無價値(客觀的 注意義務違反)에 있고, 이에 대하여 發生한 結果 無價値(法益侵害 내지 危殆)는 注意違反의 行爲가운데서 刑法上 重要性을 가지는 行爲를 選出한다는 點에서 단지 制限的인 意味를 가짐에 不適하다. 이로써 過失犯에 있어서 刑法上 本質的인 要素는 단순한 法益侵害에 있다는 從來의 支配的인 見解를 克服함과 同時에 行爲價値에 重點을 두는 「人格的 不法

---

109) Karl. Binding, Die Noimen und Ihr Übertretung, Bd, 4. Die Fahrla ssigkeit, 1919. S.433ff.

110) A. Exner, Wesen der Fahrlä ssigkeit, 1910. S.193f.

111) K. Engish, Untersuchung über Vorsatz und Fahrlä ssigkeit im Strafrecht, 1930.(Neudruck, 1964. S.285ff)

112) H. Welzel, Das deutsche Strafrecht, 11. Aufl., 1965. S.128.

概念(Personale Unrechsbegriff)에 實質的 基礎 附與를 뜻한다.113)

3. 過失犯의 責任

責任은 意思責任이며 意思形式의 構成要件實現에 대한 非難可能
性이다.114) 違法한 構成要件實現은 個個의 行爲者가 그것을 꾀할
수 있었을 때, 즉 違法하게가 아니라 適法하게 行爲할 수 있었을
때 非難할 수 있다. 過失犯의 責任에 있어서는 客觀的 注意의 違反
에 대하여 行爲者를 非難할 수 있느냐의 여부가 주된 論點이 된다.
그런데 行爲者가 結果를 豫見할 수 있는 境遇에 限해서 客觀的 注
意의 違反에 대하여 行爲者를 非難할 수 있으므로, 소위 主觀的 豫
見 可能性은 過失犯의 責任에 있어서 하나의 構成的 標識가 된다.
責任을 지우기 위한 要件으로는 다음과 같은 것이었다. 卽,
첫째 過失犯의 責任에 있어서도 우선 行爲者에게 〈責任能力〉이
있어야 함은 물론이다.
둘째 行爲者에게 〈客觀的 注意의 認識可能性과 遂行可能性〉이 있
어야 한다. 卽, 客觀的 注意의 違反에 대하여 個個의 行爲者에 비추
어 非難할 수 있어야 한다.
셋째 行爲者에게 客觀的 注意에 違反한다는 意識의 可能性이 있
어야 한다.
넷째 行爲者에게 〈適法行爲의 期待 可能性〉이 없으면 責任이 阻
却된다.115)
이상의 要件이 充足되면 行爲者를 非難할 수 있는데 結論的으로

---

113) 金鍾源, "過失犯 理論의 새로운 考察" 法政(1964. 5), 22面.
114) H. Welzel, Fahrlassigkeit und Verkehrsdelikte-Zur. Dogmativ, der
　　　fahrlässigen Delikte, 1961. S. 30; 李在祥, 刑法總論, 268面.
115) 金鍾源, "過失犯의 構造" 法學 통권 35호, 1976. 131面.

말하면 過失犯도 故意犯과 마찬가지로 構成要件 該當性·違法性·責任의 세 段階에서 各各 문제 삼아져야 되며, 따라서 故意犯과 過失犯은 責任의 段階에서 비로소 區別될 것이 아니라 이미 構成要件의 段階에서 區別되어야 한다는 것을 알 수가 있다.

그리고 筆者는 目的的 行爲論의 立場에 서서 過失犯의 構造를 分析하였는 바 그 特色을 要約하면 첫째로 過失犯에 있어서 行爲의 모멘트를 指摘하고, 違法性은 結果無價值에 있는 것이 아니라 行爲無價値도 문제 삼아야 하며 여기에서 社會的으로 相當하지 않은 法益侵害만이 違法하다고 하는 새로운 違法觀을 基礎로 해서, 過失犯의 構成要件에 있어서 實行行爲의 內容을 明白히 하였다. 그리고 從來의 전통적인 理論이 過失을 오로지 責任形式으로 把握하여 過失의 문제를 責任論에 있어서만 다루었기 때문에 故意犯과 過失犯과의 構造的差異를 明白히 할 수 없는 점에 대해서 過失을 構成要件該當性, 違法性, 責任의 段階도 문제 삼아야 한다는 것을 論證하였다.

그러나 아직도 過失行爲가 共同인 경우에는 如何할 것인가의 문제가 남게 된다.

第4節 過失行爲共同性과 目的的 行爲論

以上과 같이 우리는 行爲槪念에 대하여 因果的 行爲論, 社會的 行爲論, 目的的 行爲論을 차례로 고찰한 결과 行爲槪念 중 目的的 行爲論이 가장 타당함을 밝혔고, 이 目的的 行爲論의 견지에서 過失行爲

를 고찰하였으며 過失犯은 責任의 段階에서 비로소 問題삼을 것이 아
니라 構成要件의 段階에서 문제 삼아야 하며, 過失犯의 경우는 故意
犯과는 달리 構成要件的 結果의 發生을 客觀的으로 豫見할 수 있었음
에도 불구하고 社會生活上 要求되는 客觀的 注意義務를 違反함으로
써 故意없이 그러한 結果를 초래한 경우에는 過失犯이 된다는 것을
명백히 하였다. 즉 過失無價値가 아닌 行爲無價値에 의해서 過失犯의
不法이 決定된다는 結論을 내렸고, 過失行爲의 槪念을 밝혔다.

　그러면 過失行爲가 共同인 경우, 즉 過失共同인 때에는 여하할
것인가의 문제가 남게 된다. 이는 過失犯에 있어서 實行行爲를 인
정할 것인가의 문제로 상호의사연락의 共同의 경우를 認定할 것인
가의 문제로 나누어 살펴볼 수 있다.

　먼저 過失犯에 있어서 實行行爲를 認定할 수 있는 것인가에 對하
여 學者들의 見解는 一致하고 있지 않다.

　平場 敎授는 「過失一般에 本質的인 것은 結果不回避이다. 이러한
意味로는 不作爲와 同一 構造를 갖게 되는데, 이것은 行爲를 隨伴하
는 過失에 있어서도 마찬가지이다. 이 경우에 行爲를 하였다고 하는
것은 違法한 結果의 危險을 벗어나도록 하였다는 意味에서 結果回避
義務를 基礎로 할 수 있는 根據는 되어도, 이 경우 行爲에 積極的인
意味를 賦與할 수는 없다」116)하고 있으며, 特히 團藤 敎授는 「過失의
核心은 不注意라는 要素인데, 不注意란 行爲者의 意識作用이 아니고
無意識的인 人格態度이다…… 意識的인 部分은 過失行爲의 本質的
部分이 아니기 때문에 意識的인 部分에 對한 意思의 連絡에 基因하여
過失犯의 共同正犯을 論하는 것은 正當치 못하다」117)고 論하고 있다.

---

116) 平場安治, “過失共同正犯－それはあり得るか”, 法學論叢　59券　3號,
　　　115面 以下.
117) 團藤, 刑法總論, 299面.

이에 대해서 內田 敎授는 過失行爲를 不注意한 目的的 行爲・意識的行爲로 보면서, 一定한 狀況下에서 賢明하고 思慮있는 行爲者가 取할 容態로 나오지 아니한 容態가 바로 不注意한 目的的 行爲라하고 이러한 不注意한 目的的 行爲의 모두가 過失犯의 構成要件實現行爲가 되는 것은 아니고, 構成要件이 豫定하는 定型에 合致하는 〈危險한 行爲만〉을 構成要件 實現行爲로서 보고 있으며, 따라서 이와 같은 過失行爲의 共同도 可能하고 部分行爲의 統合도 可能하여, 全體로서의 危險한 行爲・共同實行을 構成할 수 있다고 한다.118)

또한 福田敎授도 過失犯에 있어서 實行行爲의 存在를 認定하면서, 이 경우 實行行爲란 客觀的 注意에 違反한 構成要件的인 結果惹起의 現實的 可能性이 있는 非故意의 行態로 보고, 이와 같은 行態를 共同으로 하는 限 過失犯의 共同正犯은 肯定된다고 한다.119)

그리고 木村 博士는 「過失行爲란 構成要件的 結過를 不注意의 依하여 認定하지 못한 非故意行爲이며, 이때에 不注意란 抽象的으로 存在하는 것이 아니라 一定한 具體的인 行爲에 不可分하게 結合되어서 現實로 存在하며, 이와 같은 過失犯의 本質的 要素를 包含한 意識的行爲의 部分을 基礎로 해서 過失犯의 共同正犯을 論하여야 한다.」120)고 하고 있다.

「確實히 過失行爲의 本質的인 要素는 不注意라 할 수 있기 때문에, 이러한 不注意는 共同으로 할 수 없다고 하는 團藤 敎授의 見解에도 한편으로는 首肯이 간다.」 그러나 共同過失이 있을 수 없다고 하는 것은 그 根據를 無意識的이라고 하는 데에 두고 있기보다는 主觀的인 要素에 두고 보아야 하기 때문에 共同의 過失뿐만 아

---

118) 內田, 前揭理論, 233面.
119) 福田 平, 目的的 行爲論と犯罪理論, 有斐閣, 201面.
120) 木村, 過失の 共同正犯 判例演習 刑法總論, 177面 以下.

니라 共同의 故意도 없게 된다 할 것이고,121) 共同正犯이란 故意나 過失을 共同으로 하는 것이 아니라 實行行爲를 共同으로 하는 것이기 때문에 共犯者가 同一 內容의 故意를 가질 수 있듯이 各 共同者에게 同一 內容의 過失이 있을 수 있다고도 생각된다.

從來에는, 過失未遂가 處罰되지 않기 때문에 實行의 着手如何를 論할 必要가 없이 結果發生에 있으면 어떠한 過失이라도 있는 以上 바로 過失犯으로 處罪된다고 하는 傾向에서 過失犯의 實行行爲를 너무 지나치게 一面的으로 論議하였다.122)

그러나 過失共同正犯의 問題는 實行行爲의 共同의 問題가 아니고, 相互意思連絡의 共同의 경우의 問題로서 不注意로 認識하지 못한 過失行爲에 關하여 相互間의 連絡이 있으면 共同正犯이 成立하는가라는 論題에 歸屬하게 된다. 過失犯은 行爲者가 法이 要求하는 注意義務에 達反하여서 一定한 法益을 侵害하는 것이다.

이와 같은 過失犯은 結果發生을 不注意로 豫見할 수 없었던 경우에 成立하는 것으로 과연 行爲者에게 如何한 注意義務를 課해야 할 것인가를 確定하는 것은 중요한 일이다.

특히 交通機關 等 危險한 業務에 종사하는 行爲者의 注意義務의 範圍를 確定하는 데 關해서는 災害防止의 觀點과 交通機關의 有用性에 따라 具體的 事情에 즉응한 「社會的 相當性」이 있는 注意義務를 確立하는 것이 必要한 것이다.

判例나 學說은 아직도 自動車運轉士에 대하여 "許容된 危險", "危險分配의 原理", "信賴의 原則"을 고려치 않고 여전히 高度의 非常한 注意義務를 과하고 있다. 道路狀態가 不良하고 그 위에 狹小하고 大部分 道路가 人道, 車道의 區別이 없고 人口가 조밀하고

---

121) 平野 一, 刑法の 基礎, 法學セミナー 142號, 33面.
122) 木村, '過失の 共同正犯' 判例演習 刑法總論, 178面.

148

一般大衆의 交通道德·交通訓練의 不足 等을 감안할 때 判例, 學說의 태도도 수긍이 간다.

그러나 最近 高速度交通機關等이 發達途上에 있는 실정하에 一方的으로 自動車 운전사에게만 高度의 注意義務로 부담시킴은 재고할 여지가 있으며 따라서 運轉士의 注意義務를 輕減하려는 경향이 先進國家에서는 나타나고 있음은 注目할 일이다.

장래 도로정비 人道·車道의 區別, 交通道德의 向上이 行하여지면 차츰 自動車 運轉士의 注意義務도 緩和되는 反面 一般通行人(被害者側)에게도 '危險分配의 原理', '信賴의 原則'이 적용되어야 할 것이다. 그러므로 이러한 狀況下에 注意義務를 違反한 者의 相互意思連絡이 있을 때 共同正犯은 成立하는 것이며 또 共同意思는 무엇인가를 밝혀야 한다.

그런데 共同正犯이 成立하려면 첫째, 「正犯」으로서의 性質을 ─ 主觀的·客觀的으로 ─ 갖추지 않으면 안 되고, 그리고 또한 各 共同者는 각각 「目的的 行爲支配의 擔當者」가 되지 않으면 안 된다. 主觀的으로 共同實行의 意思를 가지고, 또한 客觀的으로 共同實行의 行爲를 分擔하였을 때에 여기에 共同正犯은 成立한다.123)

結局, 共同正犯에 있어서의 行爲要素는 共同加功의 意思에 의해서 그 性格이 決定지어질 수 있으므로 過失犯에 있어서의 共同正犯은 있을 수 없다고 본다. 더욱이 共同加功의 意思는 곧 일정한 認識을 전제로 하는 故意를 意味하기 때문에 過失의 경우에는 그러한 것이 없다. 그렇다면 前述한 바와 같이 目的的 行爲支配가 없는 過失犯의 世界에서는 過失共同이란 認定할 수 없다는 結論을 자연히 얻게 된다.

---

123) H. Welzel, a, a, O., S.110.

　생각건대, 過失의 核心은 不注意라는 要素인데, 不注意란 行爲者의 意識作用이 아니고 無意識的 人格態度이며 意識的인 部分은 過失行爲의 本質的 部分이 아니기 때문에 意識的인 部分에 대한 意思의 連絡에 기인하여 過失犯의 共同正犯을 論할 수 없다 하겠다.

　한편 人間의 行爲(作爲)는 人間의 目的活動性의 遂行이다. 즉 人間은 그의 意思內容에 합당하게 그의 身體的 活動을 支配·操縱한다. 그의 意思內容에 해당하는 結果가 構成要件的 結果인 경우 그 結果를 發生시키는 데 성공하였다면 그의 行爲는 故意의 旣遂行爲로 評價된다. 그 結果를 發生시키는 데 실패하였다면 그의 行爲는 故意의 未遂行爲로 評價된다. 行爲者는 직접 構成要件的 結果를 목표로 하지 않았으나 그의 行爲에 內在한 危險性 때문에 構成要件的 結果가 發生하였다면 그의 行爲는 過失行爲로 評價된다. 어떤 경우에나 그의 行爲의 一般的 構造(實體)는 目的活動性의 遂行이다.

　이러한 目的的 行爲論은 刑法上의 行爲論으로서 완전하게 機能할 수 있다는 주장까지 포함하는 것은 아니다. 또 人間行爲에 대한 存在的 所與를 가장 정당하게 파악하고 있다는 주장도 포함하고 있지 않다. 그러나 不作爲犯의 不法判斷이 作爲犯의 그것과 다른 탐색과정을 거쳐서 찾아지고 있는 한 作爲犯과 不作爲犯의 區別과 그 個別的 分析은 불가피하다. 罪犯論의 이러한 狀況이 획기적으로 극복되지 않는 한 目的的 行爲論의 弱點(犯罪論體系의 兩分化)은 감수될 수 있다고 본다. 따라서 目的的 行爲論에 입각한 犯罪論의 構成도 現在 의연히 通用可能하다고 보는 것이다. 특히 過失犯의 問題에서는 과거의 傳統的 過失論이 過失을 責任要素로 보던 것을 構成要件要素로 봄으로써 刑法的 審査에 있어서 획기적인 발전을 준 점을 높이 評價해야 할 것이다. 과거 行爲論에서 거론되었던 많은 문제들이 각각 責任論, 共犯論 등 제자리로 찾아가고 남은 문제도 다시 不法論의 관점에서 검토되고 있다. 이제 行爲論의 차이가 犯罪論의 構成에 어느 정도 영향을 미침은 부인할 수 없겠지만 과거 目的的 行爲論의 제기 당시처럼 行爲論의 차이가 곧 犯罪論 전체의 변혁을 意味할 수는 없는 상황이다. 이러한 상황이 目的的 行爲論에 대한 學者들의 관심을 현저히 줄여버렸는지는 모르겠으나 하나의 學說에 대한 正確한 意味파악은 學問的 觀點에서 결코 看過될수 없는 일이라고 생각한다. 물론 目的的 行爲論은 여러 가지 약점이 있기는 하지만 그래도 여타 行爲論이 갖는 약점에 비하면 감수될 수 있다 하겠다. 따라서 目的的 行爲論의 진정한 의도는 客觀的, 因果的 不法論의 극복을 위한 人的 不法論의 理論的 根據提示요, 現在에도 犯罪論의 基礎로서 사용될 수 있다는 點등에서 높이 評價할만 하다.

第5章

過失共同正犯과 同時犯의 關係

第1節 共同正犯의 理論

Ⅰ. 共同正犯의 本質

刑法은 第30條에서 〈2人 以上이 共同하여 罪를 犯한 때에는 各自를 그 罪의 正犯으로 處罰한다〉고 規定하고 있는데;1) 共同正犯을 一實하고 있는 것은 分業의 原理이다. 즉 共同行爲者가 協助하여 分業的으로 構成要件을 實現한다는 點에 着眼하여 各自가 構成要件의 一部를 實現한 경우에도 全體實現에 對한 責任을 지도록 하는데 共同正犯의 特性이 있다.2) 더욱이 共犯規定, 特히 共同正犯을 規定하여 構成要件의 一部를 實現했음에 不過한 者에 그 全體에 對한

---

1) 舊刑法 第60條는 2人 以上이 共同하여 犯罪를 實行한 者는 모두 正犯으로 한다〉라고 規定하여 〈實行한다〉라는 表現을 쓰고 있었으나, 新刑法 第30條는 〈犯한다〉라는 表現으로 바뀌었지만 狹義의 共犯과 區別되는 共同正犯의 要件으로서 共同實行을 要한다고 解析하는 것이 타당하다고 본다. 다만 〈單獨〉實行이 아니라 〈共同〉實行이라는 데에 解釋上 어려운 點이 많은 것이다.
   金鍾源, '共謀共同正犯의 共同正犯性' 白南檍博士還歷記念論文集, 1975, 134面.
2) J. Wessels, Strafrecht, AT. 13 Aufl, 1983. S.131.
   Vgl. H. H. Jescheck, Lehrbuch des Strafrechts, 3. Aufl. 1978., S.549; C. Roxin, Täterschaft und Tatherrschaft, 3. Aufl, 1975. S.277ff; G. Schmidhäuser, Strafrecht AT. 2. Aufl. 1975. S.509, H. Welzel, Das Deutsche Strafrecht, 11. Aufl. 1969. S.107.

154

責任을 지도록 한 理由는 分業的 犯罪實行이 單獨적 犯罪實行보다
容易하며 社會的 影響에 있어서도 더 크기 때문이라 할 수 있겠고,
分業的 犯罪實行이 單獨的犯罪實行보다 쉬운 原因은 社會的·心理
的 特殊現象에 있다 할 것이다.

그리고 共同正犯은 본래 正犯이지만, 그러나 廣義의 共犯 속에도
포함되는 것이므로 ―共犯理論의 對立에 맞추어― 그 本質에 관하
여 종래에는 다음과 같은 의견대립이 있다.3)

첫째, 犯罪共同說은 原則的으로 輸入의 共同關係는 特定한 犯罪事
實에 範圍 內에서만 認定되고 또 共同者의 故意도 同一한 犯罪事實
에 對한 것이어야 하지만,4) 이 說에 있어서도 共同正犯의 成立範圍
를 어느 정도로 認定할 것인가에 따라서 見解가 一致하지 않는다. 卽
犯罪共同說의 原型으로서 一個, 同一한 故意犯만을 共同으로 하는
경우에만 共同正犯이 成立된다고 理解하는 故意共同說과 故意가 서
로 다른 경우에도 共同關係를 認定하는 見解로서 數罪가 構成要件的

---

3) 프랑스 刑法學에서 유래된 犯罪共同說과 行爲共同說은 우리나라 刑法
   學과 日本刑法學에 오늘날까지도 영향을 미치고 있다.
   　이 兩說은 廣義의 共犯과 관련하여 共犯은 무엇을 共同으로 하는가
   에 관한 學說로서 이해되지만 특히 共同正犯에 있어서 무엇을 共同으
   로 하는가의 문제를 論함에 그 意義가 큰 것으로 인정되고 있다.(金鍾
   源, "共同正犯의 本質", 法政, 1977. 6月號, 44面; 劉基天, 刑法學總論講
   義, 改訂 24版. 1983. 227面; 李在祥, 刑法新講, 總論 I, 1984. 315面; 鄭
   榮錫, 刑法總論, 第5全訂版, 1983. 243-244面 등 參照)
   　또한 이 兩說은 犯罪理論과 관련하여서도 거론되었다. 그리하여 舊氏學
   者들은 대체로 客觀的立場에서 犯罪共同說을 취하는 한편 新氏學者들
   은 主觀主義의 立場에서 行爲共同說을 취하는 경향을 보였다.(鄭榮錫,
   前揭書, 244面; 黃山德, 刑法總論, 第7訂版, 1982. 244面 등 參照) 그러
   나 오늘날은 이들 學說을 學派에 결부시키는 경향이 쇠퇴하고 있다.
4) 白南檍, 刑法總論, 第3全訂版, 1963. 278面; 南興祐, 刑法總論改正板,
   1977. 220面; 鄭榮錫, 前揭書, 245面 등이 이 說을 취하고 있다.

으로 重疊하는 때에는 그 重疊하는 限度에서 共同正犯의 成立을 認定하는 部分的犯罪共同說[5]로 見解가 나누어지고 있는 것이다.

여하튼 犯罪共同說의 立場에서 特定한 어떤 犯罪를 豫定하여 構成要件的 結果를 共同으로 意起시키려면 意思連絡이 共同正犯의 主觀的要件이라고 하기 때문에, 過失에 依한 共同現象에서 前構成要件的 前法律的 自然的인 單獨한 事實을 共同으로 行하려는 意思는 없는 것이라 하며, 따라서 行爲定型을 豫定하고 있지 않는 過失犯에 構成要件的 結果에 志向한 意識이 없으면, 다만 우연한 〈注意의 怠漫〉만이 競合되어 있을 뿐 共同正犯이라는 것은 있을 수 없다고 한다.

둘째, 이러한 古典學派의 客觀主義的 犯罪理論에 立脚한 犯罪共同說과는 달리 近代學派의 主觀主意的 犯罪理論에 立脚한 行爲共同說의 立場에 서는 犯罪를 行爲者의 反社會性의 表現으로 보는 까닭에 數人이 罪를 共同으로 犯한 경우에 있어서 2人 以上이 特定한 하나의 犯罪를 共同으로 한다는 것은 無意味한 것이라 하며, 數人이 各自 固有의 犯罪意思를 實現하기 위하여 各自의 行爲를 共同으로 利用한 것에 不過하므로 그 行爲는 반드시 構成要件的 行爲임을 必要로 하지 않으며 各自가 우연한 共同으로 過失的인 敎果를 發生케 하여도 當然히 過失犯의 共同正犯이 成立할 수 있다고 한다.[6] 卽

---

5) 이에 관하여는 鄭盛根, 刑法總論, 1983. 643面 以下. 參照

　　故意犯에 대해서는 共同正犯의 成立範圍를 지나치게 제한한다는 批判이 가하여지고, 部分的 犯罪共同說에 대하여서도 예컨대 甲은 傷害意思로써 乙은 殺人意思로써 共同으로 行爲하여 丙이 死亡한 경우 甲은 언제나 傷害致死罪의 責任을 지나 乙은 甲에 의하여 丙이 死亡한 경우에까지 殺人雅逐의 責任을 지게 되어 부당하다는 批判이 可能하다고 한다.

　　특히 部分的犯罪共同說을 주장하는 學者로는 鄭榮錫, 刑法總論 230面, 團藤, 前揭總論, 296面.

6) 金鍾源, "共犯의構造", 刑事法講座Ⅱ, 622面; 廉致哲, 刑法總論, 455面;

156

行爲共同說의 立場에서는 共同正犯임을 構成要件中心으로 論識하지 아니하고 犯罪를 實現함에 있어서 단지 〈行爲〉를 共同으로 함에 不過하다고 하여 〈共同實行〉의 對象을 一個의 構成要件的 行爲나 結果에 限定치 않고 數個의 構成要件에 連結된 行爲나, 前構成要件的 前法律的 行爲의 共同으로서도 充分하다고 하며, 主觀的要件인 意思의 連絡이나 共同認識은 構成要件的 結果를 惹起시키려고 하는 故意만을 前提로 하지도 않고 前構成要件的 또는 前 法律的 行爲에 對한 共同認識도 可能하다하기 때문에, 過失犯의 共同正犯 또는 故意犯과 過失犯과의 共同正犯 槪念도 肯定하고 있다. 그러나 이러한 行爲共同說의 見解에 對해서는 犯罪共同說의 立場으로부터, 「前構成要件的 前 法律的 行爲의 分擔과 이에 對한 意思만 있어서 共同正犯이 成立된다. 함으로써 모든 行爲에 對한 共同만으로도 共同正犯이 可能하다고 하는데, 過失犯의 結果가 發生되었다고 하여 모든 過失行爲가 構成要件的 行爲로 될 수는 없으며, 違法判斷의 對象이 되는 不注意한 行爲, 즉 結果發生과 不可分의 關係에 있는 過失行爲만이 構成要件的 行爲라 하겠음으로 單純한 自然的 行爲까지도 包含하는 〈行爲〉를 共同으로 하면 共同正犯이 可能하다고 함은 不當하다」[7]는 批判이 加해지고 있다.

共同正犯에 있어서는 —後述하는 바와 같이— 共同實行의 「意思」와 共同實行의 「事實」을 모두 考慮해야 하는 것인데, 事實의 면에만 치중하는 犯罪共同說은 共同正犯과 同時犯의 區別에 不充分하

李建鎬, 刑法學雅論, 178面; 李在祥, 刑法總論, 317面; 鄭盛根, 刑法總論, 645面 등이 이 說을 취하고 있다.
大判 1962. 3. 29. 61刑上 598; 同1962. 6. 14. 62도 57도 등도 이 說에 따르고 있는 것으로 판단된다.

7) 團藤, 刑法總論, 297面.

고, 그리고 반대로 意思의 면에만 重點을 두고 事實의 態樣을 무시하는 行爲共同說은 共同正犯과 從犯의 區別에 支障을 가져온다. 이미 本質에 관하여 論述한 바와 같이 犯罪共同說과 行爲共同說은 그것 單獨으로는 결코 一慣될 수 없는 것이므로, 그 어느 쪽에도 가담하지 않는 綜合的 立場, 즉 主觀的 立場과 客觀的 立場을 同時에 고려하는 立場을 취하는 것이지만, 共同正犯에 관하여서도 第2章에서 論한 바와 같은 立場은 그대로 견지된다고 하겠다.[8]

Ⅱ. 共同正犯의 成立要件

共同正犯이 成立하기 위해서는 2人 以上이 共同으로 罪를 犯하지 않으면 안 된다. 그리고 이러한 共同實行이 있기 위해서는 主觀的으로 共同實行의 「意思」를 가지고 있는 同時에 客觀的으로 共同實行의 「事實」이 있지 않으면 안 된다.[9] 前述한 바와 같이 主觀的 立場과 客觀的 立場을 同時에 고려한 綜合的 立場에서 共同正犯의 成立要件을 分說하면 다음과 같다.

1. 共同實行의 意思

行爲者雙方에 共同實行의 意思(意思의 連絡; das gegenseitige inverstaudais)가 있지 않으면 안 된다.[10] 왜냐하면 이러한 意思의 連

---

8) 黃山德, 刑法總論, 265面.

9) 李炯國, "共同正犯(中)" 考試研究, 1985. 10月號 114面.

10) 李在祥, 刑法總論, 318面, Rudolphi/Horn/Samson/Schreiber/Systematischer kommentarzum strafgesetzbuch 3 Aufl. 1981. §§25. Rn. 51, (2. Abschnitt) S.180.

絡이 있어야 그것은 同時犯과 區別될 수 있기 때문이다.[11] 數人인 경우에는 그중의 한 사람을 통하여 全員에게 意思가 連絡되면 甲과 丙 사이의 직접적인 意思의 連絡은 없어도 무방하다고 생각한다.

1) 意思連絡의 時期

ⅰ) 意思의 連絡은 行爲 當時에 있는 것이 보통이겠지만, 그러나 事前의 「共謀」로서 連絡되는 경우도 있을 수 있다.

이와 같이 2人 以上이 行爲 以前에 共謀하고는 그중의 一部人에게 實行시키는 것을 共謀共同正犯(Verabredete Mittäterschaft)이라고 하고, 主로 舊派의 學者들은 이것을 認定하지 않으려고 하지만, 그러나 치밀한 犯罪計劃을 꾸민 다음에 그 實行을 一部人에게 담당시키는 것은 그것 자체로서 훌륭한 犯罪意思의 表明이라고 볼 수 있으므로 共謀共同正犯은 이것을 認定하는 것이 좋다고 생각한다.[12]

ⅱ) 行爲當時에 우연히 意思가 連絡되는 것을 遇然的 共同正犯(zufällige Mittäterschaft)이라고 한다.[13]

ⅲ) 그리고 行爲의 一部가 終了하였으나 아직 結果에 이르기 前에 意思가 連絡되는 承繼的共同正犯(Sukzessive Mittaterschaft)도 있을 수 있다.[14] 그런데 承繼的共同正犯에 있어서는 現實로 意思가

---

11) C. Roxin, Leipziger kommentar§§25, Rn.122.Schönke/Schröder/Cramer, StGB, 21, Aufl. 1982. §§25, Rn. 95 (S.356).

12) 下村康正, 共謀共同正犯, 「刑法の判例」ジュリスト, 1967. 527面 參照, 이에 관한 상세한 內容으로는 鄭盛根, 共謀共同正犯에 관한 硏究, 成均舘大學校 博士學位論文, 1979年. 70面 以下.가 있다.

13) 鄭盛根, 刑法總論, 648-649面 以下.

14) 獨逸의 判例(RGST. 71. 193)는 行爲의 形式的 槪遂와 實質的終了 사이에도 共同正犯이 可能하다고 본다. 물론 이에는 아직도 犯行을 촉진할 可

連絡되기 以前의 部分에 관하여 共同正犯의 成立을 인정할 것인가
의 문제가 있다. 共同의 責任은 共同의 意思가 成立된 이후의 行爲
에 對하여서만 發生한다는 意見이 있으며, 그 理由로서는 刑法에는
推認이 있을 수 없다든가, 事厚故意는 認定되지 않기 때문이라고
하지만, 共同正犯의 本質에 비추어 意思連絡이전의 行爲를 各自가
認識하고 있기만 하면 그 전체에 대한 共同責任을 지우도록 하는
것이 옳다고 생각한다.15)

2) 共同意思의 範圍

連絡되어야 할 意思는 곧 犯罪의 實現意思인 것이며, 따라서 각
자 사이에는 「故意」의 範圍 內에서 意思가 一致되어 있지 않으면
안 된다. 이를 자세히 보면 다음과 같다.

傷害의 共謀만을 하였는데 實行者가 殺人을 하였다는 경우에 있
어서와 같이 意思보다는 實行이 超過된 경우에는 그 超過部分
(Exzess)에 對하여는 共謀者의 責任은 成立되지 않는다.16)

그러나 結果的加重犯에 있어서는 輕한 罪의 範圍 內에서 故意는
一致하였으므로 實行者의 過失로 因하여 重한 結果가 發生하였을지
리도 共同者는 그 全體에 대하어 責任을 시는 섯이 당연하다고 생
긱하며 그故意의 共犯이 있어야 하브로 過失犯 사이의 共同正犯 또
는 故意犯과 過失犯 사이의 共同正犯은 있을 수 없다고 보지 않으
면 안 된다.17)

能性이 있어야 한다는 것이 그 전제로 된다.(Vgl Roxin LK§§25 Rn 134)
15) 黃山德, 刑法總論, 266面(同旨, Mezger, Welzel, 木村).
16) 白南檍, 前揭書, 296面.
17) 李炯國, "共同正犯", 考試硏究, 1985, 10月號, 118面.

2. 共同實行의 事實

　다음에는 共同實行의 事實이 있지 않으면 안 된다. 물론 그렇다고 해서 각자가 犯罪行爲의 전반에 걸쳐 同一한 態樣으로 실제로 參與하지 않으면 안 된다고 한다면, 이것은 刑法 第30條에 規定된 共同正犯의 意識을 사실상 否認하는 것과 다름이 없으므로, 個個의 行爲를 切斷해서 볼 것이 아니라 2人 以上의 行爲를 全體로서 視察하면서 과연 共同實行의 事實이 무엇인가를 생각해보지 않으면 안 된다. 그리고 이 문제에 관하여는 －共同正犯과 從犯의 區別과 관련하여－ 古來로 다음과 같은 論意가 展開되어 있었다.[18] 그것은 곧 客觀說과 主觀說의 대립으로 압축될 수 있다.

　1) 客觀說; 종래의 通說은 客觀的見地에서 基本的 構成要件에 해당하는 行爲를 分擔 實現하면 共同正犯이 되고 그리고 그 이외의 것으로 加功하면 從犯이 된다고 생각하였다. 그러므로 實行行爲 이전에 意思가 連絡되는 소위 共謀共同正犯은 教唆犯은 될지언정 共同正犯의 되지 않으며, 그리고 「망을 보는 行爲」와 같이 基本的 構成要件에 該當하지 않는 行爲로서 犯罪實行을 돕는 것이 從犯이 될 뿐이라고 해석하게 된다.[19]

　2) 主觀的; 이에 對하여 獨逸判例를 中心으로 發展되어 온 主觀說은 犯行의 實行을 基本的構成要件에 該當하는 行爲의 實行에만 局限하지 않고 共同으로 計劃한 犯罪의 實行에 必要한다고 認定하는 犯意의 行爲를 分擔하기만 하면 모두 共同正犯이 된다고 보는 立場을 취한다. 따라서 共同正犯과 從犯은 이것을 共同實行의 事實

---

18) 黃山德, 刑法總論, 267面.
19) 南興祐, 前揭書, 258面 以下.
　　白南檍, 前揭書, 299面 以下.

의 面에서는 區別할 수 없고 오로지 共同實行의 意思의 面에서만 區別하지 않으면 안 되게 된다. 이리하여 「自己의 罪를 罰할 意思」(animus auctoris)를 가지고 있으면 共同正犯, 그리고 「他人의 罪에 加功할 意思」(animus socii)를 가지고 있으면 從犯이 된다고 보는 소위 意思說(Animus-ad, Douls theorie)이 여기에 생겨났던 것이다.[20] 그리고 이러한 主觀說에 의하면 共謀共同正犯이나 「망을 보는 行爲」(schmiere)는 물론이거니와 行爲途中에 옆에서 격려하는 行爲도 경우에 따라서는 모두 共同正犯이 朝高判, 1968. 3. 5. 大判 되는 것이다.[21]

생각건대, 하나의 行爲에는 主觀的・客觀的인 兩面이 포함되어 있으므로 이것을 한쪽에서만 취급하려는 客觀說은 모두 一面的이라는 批難을 面할수 없다. 본래 共同正犯은 單獨正犯에 對한 槪念이요, 2人 以上이 共同되어 있다는 것이 다를 뿐이다.

따라서 目的的 行爲論의 立場에서 共同正犯을 바라보면 共同正犯은

ⅰ) 우선 「正犯」으로서의 性質을 —主觀的・客觀的으로— 갖추지 않으면 안 되고,

ⅱ) 各 共同者는 各各 「目的的 行爲支配」의 擔當者가 되지 안 되며, 이와 같이 正犯의 行爲者로서의 性格을 구비한 2人 以上이 더 나아가

ⅲ) 主觀的으로 共同實行의 意思를 가지고 또한 客觀的으로 共同實行의 行爲를 分擔하였을 때에 共同正犯은 成立된다고 말하게 되는 것이다.

결국 그러한 目的的 行爲支配를 認定할 수 없는 過失犯의 경우는 共同正犯을 認定할 수 없게 되는 것이다.

---

20) RG2-162, BGH.8-73: 1920. 11. 4
21) H. Welzel, ST, a, a, O., S.110.

第2節 同時犯의 理論

I. 同時犯의 意義

同時正犯(Nebentäterschaft)은 「리스트」(Liszt)에 의하여 처음으로 定立된 槪念으로서[22] 多數正犯이라고도 하며;[23] 單獨犯 共同正犯과 같이 正犯의 일종이다. 2人 以上의 正犯이 意思의 連絡없이 同一 客本에 대해서 同時 내지 近接한 前後關係 또는 異時에 各自 犯罪를 實行하는 경우를 同時犯(Nebentäterschaft)이라 한다.[24] 2人 以上의 行爲라는 點에서 1人의 行爲만을 內容으로 하는 보통의 單獨犯과 다르고, 意思連絡이 없다는 점에서 合同犯·共同正犯과도 구별된다. 外觀上 共同正犯과 다르지 않으나 意思連絡이 없으므로 單獨犯이 倂存競合한 경우이다.[25]

同時犯에 있어서의 2人 以上의 行爲는 同一 客體에 關한 것이어야 하나 반드시 同一 場所에서 行할 필요는 없다. 또 2人 以上의 行爲는 同時에 行해야 하나 반드시 實行의 着手, 實行의 終了, 結果 發生 모두가 정확하게 同時일 필요는 없고 同時에 近接한 前後 關係에 있는 경우는 물론, 異時로서도 충분하다.(第19條)[26] 즉, 同時 또는 異時에 倂別的인 行爲가 存在하면 되는 것이다. 그러나 1人의

---

22) Liszt, Lehrbuch des deutschen Strafrecht, 21, 22, Aufl., 1919. S.213 H. Mayer, Strafrecht, AT, 1953. S.31, FuBn.
23) H. Mayer, a, a, O., S.331.
24) 陳癸鎬, 刑法總論, 大旺社, 1987. 364面.
25) 李炯國, 刑法總論硏究 II, 法文社, 1987. 580面.
26) 李炯國, 前揭論文, 581面 以下.

行爲가 終了하기 이전에(實行途中에) 意思連絡이 되어 共同實行을 하는 이른바 承繼的 共同正犯에 있어서는 일응 同時行爲의 外觀을 보이더라도 行爲의 倂別的 存在를 認定할 수 없으므로 同時犯이 아니다.27) 同時犯은 故意犯28)과 過失犯29)의 경우에 있어서 모두 가능하데 過失犯의 경우에 더욱 자주 發生한다. 왜냐하면 數人에 의한 過失的 共同作用은 흔히 있는 일이고 또한 이 경우 비록 反對說이 있기는 하나 共同正犯이 成立되지 아니하기 때문이다.30) 또한 他人의 過失行를 자신의 故意行爲에 利用하는 경우에도 同時犯이 된다는 見解가 있으나,31) 우리 刑法(第34條)의 解缺上으로는 間接正犯으로 보아야 한다고 생각한다.32) 무엇보다도 중요한 것은 同時犯은 數人의 行爲에 共同正犯·間接正犯 또는 共犯(狹意)이 결여되는 경우에 비로소 거론의 대상이 되며;33) 共同犯에 있어서는 單獨正犯(Alleintaterschaft)의 우연한 만남이 문제될 뿐이기 때문에 理

---

27) 陳發鎬, 刑法總論, 372面 以下.
28) 예컨대 甲과 乙이 서로 意思의 連絡없이 各自 殺害의 故意犯으로서 同時에 丙에게 총을 쏘는 경우 두 사람이 意思의 連絡없이 各各 같은 집의 다른 모서리에 불을 놓는(G. Jacobs, Strafrecht, AT.1983. S.539) 등이 이에 해당된다.
29) A는 過失로 총탄이 장전된 총을 놓았고 B가 실수하여 이 총으로 C를 致死한 경우(H.Mayer, a, a, O., S.312); 두 自動車의 運轉士가 過失로 충돌하였고 그중 한대의 車가 전복되면서 行人을 致死한 경우(a, a, O.; 가옥의 共同所有者 C와 D가 지붕을 수리하지 않았기 때문에 기와가 떨어져 Y를 致死한 경우(J.Baumann, Strafrecht, AT.8Aufl, 1977. S.553)
30) Vgl, H. H. Jescheck, Lehrbuch des strafrechts, AT. 3 Aufl. 1978. S.553.
31) Welzel은 그 例로서 XY갱단이 철도전복암살을 계획중임을 안 A가 상속을 노려 숙부 O를 그 차에 타도록 하여 O를 죽게 한 경우를 들고 있다.(Vgl.H Welzel, Das Deutsche Strafrecht, 11. Aufl. 1969. S.111).
32) 李炯國, 刑法總論講義 II, 581面.
33) G. Jakobs, a, a, O., S.540.

論的으로 하등의 獨自的 價值를 지니지 아니한다고 하겠다.[34]

同時犯의 경우는 行爲者들 사이에는 犯行을 共同으로 實行하려는 意思의 連絡이 없어야 한다. 이를 法文은 獨立行爲가 競合한 경우라고 表現한다. 이것이 意思의 連絡을 요하는 共同正犯과 區分되는 點이다.

Ⅱ. 同時犯의 成立範圍

同時犯의 本質은 行爲者 間에 意思의 連絡이 없다는 점에 있는 바, 이러한 意思連絡의 有無는 共同正犯에 있어서 共同實行의 意思를 어떻게 理解할 것인가의 문제보다 根本的으로는 共犯의 本質을 어떻게 理解할 것인가에 의하여 決定되며 그에 따라 同時犯의 成立範圍도 달라진다.[35]

먼저 犯罪共同說은 客觀的으로 特定의 犯罪事實을 譽定하고 그犯罪事實을 共同으로 實行하는 것을 共同正犯이라고 한다.

따라서 共同正犯은 特定한 犯罪에 대하여 故意를 共同으로 하여야 成立되므로 故意를 共同으로 하지 않은 故意犯 相互間이나 故意犯과 同時犯이 成立한다.[36]

다음으로 行爲共同說은 數人이 事實的인 行爲를 共同으로 하여 各自의 犯罪를 遂行하려는 것이 共同正犯이라고 한다.

---

34) H. Jescheck, a, a, O., S.553.
35) 李炯國, 前揭書, 582面.
36) 鄭榮錫, 刑法總論, 244面.
　　白南檍, 刑法總論, 1963. 278面.
　　南興祐, 刑法總論, 改正 1977. 220面.

따라서 共同正犯은 故意를 共同으로 할 필요는 없고 故意行爲이든 過失行爲이든 行爲를 共同으로 할 意思를 가지면 成立하므로, 行爲의 共同에 대한 認識이 있는 限 故意를 달리하는 故意犯 相互間이나 故意犯과 過失犯 相互間 또는 過失犯 相互間에도 共同正犯이 成立되고, 行爲의 共同에 대한 認識이 전혀 없는 경우에만 同時犯이 成立된다.[37]

한편 共同意思主體說은 共同意思主體를 刑成한 數人의 共謀者 중 一部의 者가 實行行爲를 하면 實行行爲에 가담치 않은 나머지 共謀者도 共同正犯으로서의 責任을 진다고 한다. 이 說은 共同正犯의 成立要件인 意思의 連絡을 故意의 共同으로 보기 때문에 犯罪共同說과 同一한 結論에 도달한다.[38]

그리고 共同行爲主體說은 共同行爲의 意思가 成立되고 그 共同意思를 實現하는 行爲가 있으면 설령 그 行爲가 基本的 構成要件에 해당치 않더라도 共同正犯이 成立된다고 한다. 이 說은 意思의 連絡을 行爲의 共同에 대한 認識을 意味함으로써 行爲共同說과 同一한 結論에 도달한다.[39]

한편 機能的 行爲支配說은 各行爲者의 行爲支配가 犯罪實現의 全體計劃에 機能上 不可不離하게 役割分配되어 共同作業을 하고 있을 때 共犯이 成立한다는 理論으로서 機能的 行爲支配의 共同이 있는 限 過失犯의 共同正犯도 認定할 수 있다고 보아 行爲의 機能的 行爲支配가 전혀 없는 경우에 한하여 同時犯이 成立한다고 본다.[40]

---

37) 廉政哲, 刑法總論, 445面.
　　李建鎬, 刑法學槪論, 178面.
　　李在祥, 刑法總論, 317面.
　　鄭盛根, 刑法總論, 645面
38) 小泉菓一, 刑法要論(總論), 228面.
39) 劉基天, 刑法學, (總論講義), 318面.

그리고 目的的 行爲支配說은 構成要件을 實現할 意思를 가지고 그
러한 意思實現에 적합한 方法·手段을 써가면서 行爲者가 실제로
支配可能한 外部的行爲를 하는 것을 目的的 行爲支配란 하고 共同
正犯은 正犯의 一種이고, 그리고 正犯이 되기 위해서는 犯罪意思와
그 目的的 行爲支配가 있어야 하므로 過失犯의 共同正犯은 인정할
수 없고 同時犯이 될 뿐이라 한다.[41]

그런데 過失犯의 共同正犯의 경우 상술한 學說에 의하면 犯罪共
同說 및 共同意思主體說은 이를 認定하지 않고 同時犯으로 보며,
目的行爲支配說 역시 過失犯의 世界에서는 正犯과 共犯의 區別이
나타나지 않는다고 보기 때문에 이를 同時犯으로 취급하게 된다.
그러나 行爲共同說 및 機能的 行爲支配說은 이를 認定하며 同時犯
으로 보지 않는다.[42] 여기서 말하는 意思의 連絡은 최소한도로 犯
行의 共同實行에 관하여 共同者를 사이에 서로 양해되므로 片面的
共同正犯이 문제가 된다.

共同實現의 意思가 行爲者의 一部에게만 存在한채 犯罪를 共同으
로 實現한 경우를 片面的 共同正犯이라고 한다. 이 경우에는 行爲
者 相互間에 意思의 連絡이 存在치 않으므로 同時犯 또는 從犯이
될 수 있을 뿐이고 共同正犯은 되지 않는다고 보아야 할 것이나,
行爲共同說은 이를 肯定하고 있다.[43]

생각건대 特殊性은 主觀的인 面에서 意思의 强化作用으로 나타나
고, 客觀的인 面에서 行爲의 利用·補充作用으로 나타나는 것이므

---

40) C. Roxin, Täterschaft und Tatherrschaft, S.280, J. Wessels, Strafrecht,
§13, Ⅲ2.
41) 黃山德, 刑法總論, 244面.
　　H. Welzel, Strafrecht, 5Aufl. S.81.
42) 鄭盛根, 刑法總論, 628, 629面.
43) 鄭盛根, 刑法總論, 630面.

로 우리 刑法上의 規定을 主觀的立場이나 客觀的立場의 어느 하나 만에 의하여 劃一的으로 線明하는 것은 不可能하다. 이와 같은 점 에서 正犯과 共犯의 區別理論으로 行爲支配說이 客觀的立場과 主觀 的立場을 同時에 綜合·止揚하는 合理的인 見解라고 생각한다. 이 에는 機能的行爲 支配說과 目的的 行爲支配說로 나뉘고 있는데 各 行爲者의 行爲支配가 犯罪實現의 全體計劃에 機能上 不可不離하게 役割分配되어 共同作業을 하고 있는 機能的 行爲支配說의 立場은 第2章에서도 밝혔듯이 共同正犯의 本質問題로는 不合理한 見解라고 아니 할 수 없다.

同時犯의 範圍는 共同實行의 意思範圍에 관한 犯罪共同說과 行爲 共同說, 그리고 共同意思主體說, 共同行爲主體說, 機能的 行爲支配說 그 어느 것도 만족스런 해답을 주지 못하고 있다. 이 同時犯의 範圍問 題는 結局 共犯理論의 다른 一面으로 歸着하게 되고 目的的 行爲論을 지지하는 우리의 立場에서는 客觀的立場과 主觀的立場을 綜合·止揚 하는 合理的인 見解로서 目的的 行爲支配說이 가장 타당한 학설이라 고 생각한다. 이렇게 볼 때 共同正犯은 正犯이고 正犯이 되기 위해서 는 犯罪意思와 그 目的的 行爲支配가 있어야 하므로 過失犯의 共同正 犯은 認定할 수 없고 同時犯이 될 뿐이라는 結論을 얻게 된다.

第3節 過失共同正犯과 過失同時犯

Ⅰ. 論議의 實益

共同正犯은 그 成立要件으로서 2人 以上 사이에 主觀的으로는 實行行爲를 共同으로 한다는 意思, 즉 相互的인 意思의 連絡이 必要하게 되는데 意思의 連絡自體는 主觀的인 것이지만 서로 補充하고 協力한다고 하는 相互的 意思가 客觀化되어서 法益浸害를 惹起한 때에는 그 相互的인 意思의 連絡은 客觀的으로 重要하게 되고 共同法益侵害에 대하여 共同責任을 지게 된다.[44] 反對로 이러한 意思의 連絡이 없는 경우에는 共同法益浸害에 대한 共同責任은 存在하지 않고 各 行爲者는 獨自·固有의 犯行을 한 것으로 된다.[45] 따라서 共同正犯과 同時犯의 차이가 여기서 나타나게 된다.[46] 즉 共同正犯에 있어서는 共同行爲에 대하여 實行行爲性과 因果性을 다루는데 반해서 同時犯에 있어서는 個個의 行爲에 대하여 實行行爲性과 因果性을 검토하게 되는 것이다.

따라서 共同正犯에 있어서는 共同의 意思, 즉 意思의 連絡이 存在하여야 하므로 個個의 組成行爲를 統合하여 評價하는 것이 可能하며 因果關係 有無를 確認하는 것도 共同者 全體의 行爲에 대해서 單獨犯의 경우와 같은 論理에 의해서 行하여진다.[47]

---

44) 특히 共同正犯의 正犯性을 分業的 行爲實行과 機能的 役割分擔의 原則
   (Prinzip des arbeitsteiligen Handelns und der funktionellen Rollenver-
   teilurg)에 두고 있는 경우가 있다. (J. Wessels, Strafrecht, AT. S.131).
45) 廉政哲, "同時犯의 法理", 司法行政, 1970, 1月號, 44面.
46) 李在祥, 刑法總論, 415面.

이에 비해서 同時犯은 2人 以上의 者의 犯罪行爲가 客觀的으로 競合한 竝存하는 경우에 지나지 않고 個個의 犯罪行爲가 遇然的으로 것이라고 할 수 있으므로 各 行爲者에 대해서 個別的으로 評價 및 因果關係 有無를 確認하지 않으면 안 된다. 결국 意思의 連絡有無는 共同正犯과 同時犯을 區別하는 決定的 契機가 되는 것이다.

Ⅱ. 過失共同正犯과 過失同時犯

가령 A가 B에 대하여 「某種의 作用」을 加하는 경우 A와 B에 모두 過失이 있을 때가 문제된다. A에게 過失이 있었다는 것은 B에 「作用」하여 罪를 犯하게 하려는 意思가 없었다는 것이 되므로 A와 B를 各別로 過失犯으로 處罰하면 된다. A와 B를 한데 묶어서 特別 取扱해야 할 아무런 이유도 없기 때문이다. 다만 結果發生의 原因이 된 行爲가 判明되지 않았을 때에는 過失犯의 未遂는 處罰되지 않았음으로 A와 B 모두가 處罰되지 않지만, 過失傷害의 경우에 만은 同時犯에 관한 刑法의 精神에 비추어 그들 모두를 過失傷害罪로 處罰해야 한다고 말할 수 있다.48)

그런데 이 問題에 관하여는 「過失犯의 共同正犯」을 認定해야 한다는 일부주장 있고 그리고 우리 判例도 1962年부터 이 立場을 따르고 있다. 우리 判例는 1962. 3. 29와 1979. 8. 21의 判決에서 두 차례나 過失犯의 正犯性을 인정하고 있으나 그러나 이 판례는 재검토가 요망된다. 왜냐하면 그것들은 過失犯과 過失犯 사이의 共同正犯을 認

---

47) 鄭盛根, "共同正犯", 刑事法講座Ⅱ, 1985, 727面.
48) 黃山德, "正犯과 共犯", 考試硏究, 1982, 9月號, 38面.

定한 것이 아니라 過失犯과 過失行爲가 아닌 것과의 사이의 共同正犯을 인정하는 잘못을 범하였기 때문이다. 이때에 判例는 「共同正犯의 主觀的要件인 共同의 意思는 故意를 共同으로 가질 意思임을 必要로 하지 않고 故意行爲이고 過失行爲이고 간에 그 行爲를 共同으로 할 意思이면 족하다.」라고 말함으로써 이른바 「行爲共同說」의 立場을 취하고 있다. 그런데 判例는 行爲共同說의 立場에서 그처럼 반대하는 「共謀共同正犯」을 認定하면서 過失犯의 共同正犯에 관해서는 반대로 그 行爲共同說의 주장을 따르고 있는 것인데 이러한 점에서 우리 判例는 그 立場에 一貫性이 없는 것이라고 말할 수 있다. 過失犯의 共同正犯을 認定하는 경우에는 前述한 바와 같이 正犯의 槪念을 定함에 있어서 걷잡을 수 없는 混亂을 가져올 뿐만 아니라 구태여 그것을 인정한다고 해도 특별한 實益이 있는 것은 아니다. 아무런 도움도 되지 않는데 불필요하게 混亂만 가져오게 하는 것은 취할 바가 못 된다. 그러한 점에서 過失犯의 共同正犯은 認定하지 않는 것이 좋고 同時犯으로 보아 各自를 過失犯으로 處罰하면 足하다고 생각하는 것이다.49) 따라서 過失共同正犯은 同時犯으로 봄이 合理的이라고 하겠다.

그런데 同時犯은 故意犯50)과 過失犯51)의 경우에 있어서 모두 가

---

49) 黃山德, 正犯과 共犯, 考試硏究, 31面.

50) 예컨대 甲과 乙이 서로의사의 연락 없이 각자 殺害의 故意로써 동시에 丙에게 총을 쏘는 경우 두 사람이 의사의 연락 없이 각각 같은 집의 다른 모서리에 불을 놓는(G. Jakobs, Strafrecht, AT.1983, S.539) 등이 이에 해당한다.

51) A는 過失로 총탄이 장전된 총을 놓았고 B가 실수하여 이총으로 C를 殺害한 경우 (H. Mayer, Strafrecht, AT.1967. S.312); 두 자동차의 운전자가 과실로 충돌하였고 그중 한대의차가 전복되면서 行人을 致死한 경우; 가옥의 共同所有者가 D가 지붕을 수리하지 않았기 때문에 가와가 떨어져 Y를 치사한 경우(J. Baumann, Strafrecht, AT.8.Aufl,

능한 過失犯의 경우에 더욱 자주 발생된다. 왜냐하면 數人에의한 過失的 共同作用은 흔히 있는 일이고 또한 이러한 경우는 共同正犯이 成立하지 아니하기 때문이다.[52] 他人의 犯行計劃을 자기가 의도하는 犯行에 이용하는 경우에 이것이 同時犯인가 間接正犯인가에 관하여서는 논란이 있으나 대체로 同時犯의 成立을 인정하고 있다.[53] 他人의 過失行爲를 자신의 故意犯行에 이용하는 경우도 同時犯이 된다는 견해도 있으나[54] 우리나라 刑法 第34條의 解釋上 間接正犯이 된다고 보아야 한다.[55] 결국 同時犯은 數人의 行爲에 共同正犯, 間接正犯이 결여되는 경우에 비로소 거론의 대상이 되는 것이므로[56] 過失共同正犯을 부정하는 경우에 同時犯의 문제가 거론됨은 論理的 必然인 것이다.

第4節 同時犯의 處罰

Ⅰ. 罪刑法定主義와의 關係

法律없으면 犯罪없고 刑罰없다.[57] (nullem crimen, nulla poena,

1977. S.553) 등이 그 예이다.

52) Vgl. H. H. Jescheck, Lehrbuch des Strafrechts, AT.3 Aufl., 1978. S.553.

53) (Vgl. H. Welzel, Das deutsche Strafrecht, 11. Anfl. 1969. S.111).

54) Vgl. Spendel, Der Täter hinter dem Täter, in Festschrift für R. Lange, 1976. S.147-167ff.

55) 李炯國, 刑法總論 Ⅱ, 法文社, 1986. 581面.

56) G. Jakobs, a, a, O., S.540.

57) G. Straten werth, a, a, O., S.41.

sine lege)라는 近代刑法의 基本原理가 罪刑法定主義라는 것은 周知의 事實이다.58) 이는 어떤 處罰을 할 것인가는 미리 成文의 法律에 規定되어 있어야 한다는 刑法上의 大原則을 말한다.

이러한 罪刑法定主義는 國家刑罰犯의 擴張과 恣意的 行使로부터 市民의 自由를 보장하기 위한 刑法上의 基本原理(Oberster Grundsatz des Strafrecht)59)이며 刑法의 保障的 機能도 이에 의하여 비로소 그 效果를 발휘할 수 있다는 것을 우리는 간과해서는 안 될 것이다.「몽테스키외」(Montesquieu)의 3權分立思想60)과 「포이에르바하」(Feuer-bach)의 心理强制說61)의 영향을 받은 이 罪刑法定主義는, ⅰ) 法律主義 또는 遡及刑法 禁止의 原則(lex scripta),62) ⅱ) 遡及效禁止의 原則(lex praevia),63) ⅲ) 明確性의 原則(lex certa),64) ⅳ)類推解缺禁止(lex Stricta)을65) 內容으로 하고 있고, 최근에 와서는 實質的 法治國家原理로서의 適正性의 原則도 罪刑法定主義의 內容이 된다.66) 여기서 우리는 過失共同正犯을 否定하는 立場에서 이를 同時犯으로 處罰함에 있어 罪刑法定主義와 관련하여 다음과 갈은 문제를 검토하지 않으면 안 된다.

첫째, 刑法은 그 構成要件과 法的結果를 명확하게 規定하지 않으면 안 된다. 따라서 刑法 第34條 規定에 故意犯인지 過失犯인지 명

---

58) 李在祥, 刑法總論, 9面.
59) Jagush, LK.8.Aufl, S.52. Liszt는 이러한 意味에서 罪刑法定主義를 「犯罪의 마그나카르타」라고 하였다.
60) Montesquieu, 法의 精神(申相楚譯), 159-161面.
61) 李在祥, 刑法總論, 13面.
62) H. Welzel, a, a, O., S.23.
63) A. Eser, S. 38; Maurach-Zipf. S.162, Schönke/Schröder/Eser. S.44.
64) H. Welzel, S.23.
65) H. H. Jescheck, S.107; Rudolphi, SK. S.9; Schönke-Schröder-Eser, S.23.
66) H. H. Jescheck, S.20; Maurach-Zipf, S.175. Schmidhäuser; S.38.

확하게 되어 있지 않은 상태에서 過失共同正犯을 肯定함은 타당하지 않다고 하겠다.

둘째, 罪刑法定主義는 새로이 刑罰을 과하거나 刑을 加重하는 類推解釋(Analogie)을 금할 것을 요구한다. 刑法上 規定이 되어 있지 않는 過失共同正犯을 類推解釋하여 새로이 刑罰을 과하는 것은 타당치 않음은 물론이다. 다만 國家刑罰犯行爲의 適正性을 유지하기 위해 同時犯의 理論으로 처벌하게 되는 것이다.

셋째, 同時犯을 處罰함에 있어서 문제가 되는 것은 結果發生의 原因된 行爲가 발견되지 아니한 경우에 "의심 있는 때에는 被告人의 利益으로"(in dubio pro reo)[67]라는 原則에 따라 각자를 未遂로 취급함이 타당하다.

결국 過失共同正犯은 目的的 行爲支配說의 立場에서 否定함을 原則으로 하고 同時犯으로 處罰함이 無罪推定의 原則과 罪刑法定主義의 原則에 부합되는 것이라고 생각한다.

Ⅱ. 同時犯의 處罰

1. 原則(獨立行爲의 競合)

우리 刑法은 同時犯에 있어서 原因된 行爲가 判明되지 아니한 경우의 문제를 第19條(獨立行爲의 競合)를 통하여 立法的으로 해결하는 한편 第236條(同時犯)에는 그 예외 규정을 두고 있다. 이하에서는 이 두 規定을 中心으로 하여 同時犯의 問題를 살펴보고자 한다.

---

67) 白亨球, 刑事訴訟法講義, 博榮社, 1985 5面; 이는 榮美法上 無罪推定 (presumption of innocence)의 原理와 같은 槪念이다.

174

刑法 第19條는 結果發生의 原因된 行爲가 判明되지 아니한 同時犯의 경우를 「獨立行爲의 競合」이라는 用語로 표현하면서 다음과 같이 規定한다. 「同時 또는 異時의 獨立行爲가 競合한 경우에 그 結果發生의 原因된 行爲가 判明되지 아니한 때에는 각 行爲를 未遂犯으로 處罰한다.」

이 規定과 관련하여 未遂犯으로 취급되는 同時犯의 要件을 살펴보면 다음과 같다.

첫째, 2人 以上의 實行行爲가 있어야 한다. 法文에 직접 표현되어 있지는 아니하나 이것이 요청됨은 물론이다.

둘째, 行爲者들 사이에는 犯行을 共同으로 實行하려는 意思의 連絡이 없어야 한다. 이를 法文은 獨立行爲가 競合한 경우라고 표현한다. 이것이 意思의 連絡을 요하는 共同正犯과 구분되는 점이다. 共同正犯에 있어서 意思의 連絡(共同意思)의 내용을 어떻게 볼 것인가 하는 점은 상대적으로 同時犯의 成立犯圍에 영향을 미치게 된다. 예컨대 行爲共同說의 主張처럼 過失의 共同正犯, 故意犯과 過失犯의 共同正犯까지도 認定한다면 하나의 故意犯에 대해서만 共同正犯을 認定하는 犯罪共同說의 立場보다 同時犯을 認定하는 範圍가 좁아지게 될 것이다.[68] 여기에서 말하는 意思의 連絡(또는 共同의 行爲決意)은 최소한도 犯行의 共同實行 내지 機能的分擔에 관하여 共同者들 사이에 서로 諒解되어야 함을 意味함으로 이른바 片面的 共同正犯은 同時犯으로 보아야 하며[69] 이른바 過失의 共同正犯도 共同正犯이 아니라 同時犯이라고 이해해야 한다.

셋째, 行爲客體가 同一할 것을 要한다.

---

68) 鄭盛根, 刑法總論, 1983. 628, 629面, 李炯國, "同時犯"考試硏究, 1984. 11月號, 162面.
69) 鄭盛根, 上揭書, 629面.

行爲의 客體가 同一하면 족하고 각 行爲가 모두 構成要件的으로 同一할 필요는 없다. 그러므로 예컨대 殺人과 傷害의 同時犯도 可能하다.

넷째, 行爲의 場所와 時間이 반드시 同一할 필요는 없다. 法文에도 「同時 또는 異時의 獨立行爲」라고 표현하여 이를 분명하게 밝히고 있다. 異時는 대체로 近接한 時間的 前後關係를 意味하는 것으로 이해되나[70] 반드시 그렇게 국한할 필요는 없다. 結果發生의 原因이 判明되지 아니하는 行爲들 속에 포함되는 한 他行爲와의 時間的 간격을 엄격하게 문제 삼을 이유가 없다고 본다.[71] 場所가 서로 상당히 떨어져 있는 경우에도 同時犯이 成立될 수 있다.[72]

다섯째, 結果發生의 原因된 行爲가 判明되지 아니 하여야 한다. 이는 예컨대 甲과 乙이 서로 意思의 連絡없이 殺害의 意思로써 同時에 丙에게 총탄을 발사하였는데 丙이 어느 총탄에 맞아 死亡했는지 알 수 없는 경우처럼 構成要件的 結果를 發生시킨 者가 누구인지 判明되지 아니한 것을 말한다. 누구의 行爲가 原因된 行爲였는가를 立證(擧證)해야 할 責任은 檢事에게 있다.[73]

이상과 같은 要件을 갖춘 경우에는 각 行爲者는 自己 自身의 構成要件的 行爲의 尺度에 따라 責任을 지되 發生된 結果에 대히여서는 未遂犯으로서의 責任을 진다. 예컨대 甲과 乙이 獨立히여 殺意로써 丙에게 총을 쏘아 丙이 죽었으나 어느 총탄에 맞아 死亡한 것인지 不分明하며 甲과 乙은 단지 傷害의 意思로써 각각 丙에게 돌을 던져

---

70) 陳癸鎬, 刑法總論, 366面.
71) 廉政哲, 同時犯의 法理, 44面.
72) 예컨대 場所的으로 서로 떨어져 있는 甲과 乙이 丙에게 각각 협박장을 우송했는데 丙이 어느 협박장에 의하여 畏怖心을 일으켰는지 判明되지 아니한 경우.
73) 이는 刑事訴訟法 第325條, 法理上 그렇다.

丙이 死亡했는데 原因된 行爲가 判明되지 아니 했다면 甲은 殺人未遂, 乙은 傷害致死의 未遂의 罪責을 진다고 보아야 할 것이다.

2. 例外(傷害罪의 同時犯)

刑法 第263條는 「獨立行爲가 競合하여 傷害의 結果를 發生하게 한 경우에 있어서 原因된 行爲가 判明되지 아니한 때에는 共同正犯의 예에 의한다.」라고 規定하여 第19條에 대한 例外를 設定하고 있다.

이미 살펴보았듯이 同時犯에 있어서는 각 行爲者는 각각 單獨正犯으로서 자기 자신의 行爲에 의하여 發生된 結果에 대하여서만 責任을 진다. 그리고 原因된 行爲가 判明되지 아니한 경우에는 「의심 있는 때에는 被告人의 利益으로」라는 原則과 無罪推定의 法理, 擧證責任의 檢事分擔의 原則등에 따라 構成要件的 結果가 行爲者의 行爲에 依하여 發生한다는 事實에 대한 檢事의 立證(擧證)이 없는 한 未遂의 限度內에서 責任을 져야 마땅하다.[74] 그럼에도 불구하고 刑法이 第19條에 대한 중대한 例外를 傷害罪의 경우에 認定한 것은 傷害罪가 日常生活에 있어 빈번하게 發生하고 그 立證에 어려움이 많기 때문에 이를 구제하려는 政策的 考慮에 의한 것이라고 說明되고 있다.[75]

그러면 傷害罪의 同時犯의 判例를 추정하고 刑法 第263條의 積用要件과 法的性質을 그리고 適用範圍를 살펴보면 다음과 같다.

먼저 第263條의 適用要件은 獨立行爲가 競合해야 하고 傷害의 結果과 發生해야 하며[76] 原因된 行爲가 判明되지 아니하여야 한다.

---

74) 姜求眞, 刑法講義各論 I, 69,70面.
75) 鄭暢雲, 刑法各論, 46面 參照.
76) 傷害의 結果의 發生은 傷害行爲에 의한 것이든 暴行에 의한 것이든 (暴行致傷) 不問한다는 見解(姜求眞, 前揭書, 72面)와 暴行의 故意와

原因된 行爲가 判明된 경우에는 이에 따라 責任을 질뿐이다.

다음으로 第263條의 法的 性質에 관해서는 다음과 같은 네 가지 견해가 대립하고 있다. 다음의 네 가지 견해가 대립되어 있다. 첫째 法律上 責任推定說[77]이다.

이 說에 의하면 本條는 각 行爲者의 行爲가 結果發生의 原因인 것으로 推定하는 規定이라고 한다. 日帝時의 判例(朝高判 1981. 10. 14)와 一部學者(小野淸一郎)에 의하여 주장되었던 說이나 오늘날 그 支持者를 찾아보기 어렵다.

둘째 擧證責任轉換說이다.

이 設은 第263條는 立證의 困難을 구제하기 위한 政策的 例外規定으로서 擧證責任을 被告人에게 轉換하는 것이라고 본다.[78]

셋째 二元說의 입장이다.

이 說은 第236條를 節次上으로는 擧證責任의 轉換規定인 동시에 實體法上으로는 共同正犯의 範圍를 확장시키는 一種의 擬制라고 본다.[79] 이 說은 특히 傷害를 초래하지 아니한다는 事實을 立證하면 傷害未遂 또는 暴行의 責任만 지게 되나 立證하지 못하면 意思連絡이 없어 共同正犯이 아님에도 불구하고 共同正犯으로 處罰하므로

傷害의 故意는 전혀 다르므로 第263條는 傷害의 故意가 있었던 때에만 적용된다는 見解(廉政哲, 前揭論文, 49面)가 있으나 暴行致傷의 경우를 포함시키는 것이 通說의 立場이다.

77) 金澤鉉, "同時犯", 司法行政, 1965. 2月; 南興祐, 刑法各論, 1965. 38面; 徐壹敎, 刑法各論, 1978年. 36面; 姜求眞, 前揭書 70, 71面; 廉政哲, 前揭論文, 49面; 劉基天, 刑法講義各論(上), 1983. 63面; 鄭盛根, 刑法總論, 630面 등이 이 說을 취하고 있다.

78) 金鍾源, 刑法各論(上), 三訂版, 1973. 64面; 鄭榮錫, 刑法各論, 第5全訂版, 1983. 232面; 黃山德, 刑法各論, 第6全訂版, 1984. 182面 등이 이 說을 취하고 있다.

79) 黃山德, 刑法總論, 182面.

二元說을 취해야 한다고 설명한다. 第263條의 法文에 비추어 볼 때 二元說이 타당하다고 생각된다.[80]

넷째 看做規定說이다.

이 說은 本 規定이 傷害의 證明이 不可能한 경우를 해결하기 위하여 複數의 單獨犯을 하나의 共同正犯으로 보자는 看做規定이라고 이해한다.[81]

한편 本條의 適用範圍에 관하여서는 엄격히 傷害의 結果가 發生한 경우에만 適用된다는 견해[82]와 傷害뿐만 아니라 傷害致死 내지 暴行致死의 경우에도 第15條 2項(結果的 加重犯)과 因果關係의 範圍 內에서 責任을 진다는 견해[83]가 대립되어 있다.

第263條가 刑法 및 刑事訴訟法의 基本原理에 합치되어 아니하는 條外的 規定이라고 볼 때 그 適用에 있어서도 엄격하게 傷害의 結果를 發生하게 한 경우도 그 適用範圍를 제한함이 타당하다고 본다.

3. 關聯事件

同時犯은 刑事訴訟法上 關聯事件으로 취급된다. 여기서 잠시 關聯事件을 살펴보면 다음과 같다.

---

80) 鄭暢雲, "同時犯과 因果關係", 考試界, 1967. 7月, 27面.
81) 姜求眞, 前揭書, 71面; 金鍾源, 前揭書, 64面; 廉政哲, 前揭論文, 49面; 陳發鎬, 前揭書, 65面.
82) 金澤鉉, 前揭論文, 28面; 南興祐, 前揭書, 38, 39面; 徐壹敎, 前揭書, 35面; 劉基天, 刑法論, 62面; 黃山德, 刑法總論, 183面 등의 경우 또한 大判 1981. 1. 10(80도 3321)은 「異時의 獨立된 傷害가 경합하여 死亡의 結果가 일어난 경우에 그 原因된 行爲가 判明되지 아니한 때에는 共同正犯의 例에 依한다고 判示하여 第263條를 傷害致死의 경우에도 적용하였다.
83) 金澤鉉, 前揭論文, 28面; 劉基天, 前揭書, 62面;
判例(大判, 1981. 3. 10. 80도 3321)

(刑訴法　第11條)

關聯事件은 서로　關聯性을 갖는　數個의　事件을 말하며,　① 1人이 犯한　數罪,　② 數人이　共同으로 犯한　犯罪,[84] ③ 數人이　同時에　同一한　場所에서　犯한　罪,　④ 犯人隱匿罪,　證據湮滅罪,　僞證罪,　虛僞鑑定 通譯罪　또는　財物에　관한　罪와　그　本犯의　罪가　여기에　해당한다.[85][86] 이러한　關聯事件에　대하여는　實理上의　便宜를 고려하여　倂合 官轄을 인정하고 있고,　事物官轄을 달리하는　數個의　事件이　關聯事件일 때에는　法院合議部가　倂合官轄한다.(刑訴法　第9條)　또한　固有 의　官轄事件에 대해서　無罪　免訴 또는　公訴棄却의　裁判이　宣告된 경우에도 일단　發生한　關聯事件에 대한　官轄權은 소멸하지 아니한 다.[87] 이러한　關聯事件에 대해서는　審理의　便宜과　被告人의　利益保 謀를 위해서　倂合審理를 허용하고 있다. 먼저　事物官轄을 달리하는 數個의　關聯事件이 각각　法院合議部와　單獨判事에　係屬할 때에는 合 議部가　倂合審理할 수 있다. (法10條) 그리고　事物官轄을 같이 하는 경우에는　共通되는　直近上級法院은　檢事 또는　被告人의　申請에 의하 여　決定으로 1個法院으로 하여금　倂合審理하게 할 수 있다.(法6條) 또한　關聯事件은　數個의　事件이므로 그 각　事件에 대하여　固有의　官 轄觀을 갖는　法院이 각각　審判을 할 수 있음은 당연하다.

　결국　過失共同正犯은 부정하되　同時犯으로　處理하여야 하며　過失

---

84) 大判　78. 10. 10. 78도 2225는　任意的共犯에 한하지 않고,　必要的共犯 도 포함한다고 한다.

85) 財物에　관한　罪는　刑法各則 41章의「財物에　관한　罪」뿐 아니라 이러 한　罪와　可罰態樣이　同一한 경우를 포함한다.
　白亨球,　刑事訴訟法講義, 126面；平場,　刑事訴訟法注解(上)
　32面,（中武）.

86) 關稅逋脫犯과　關稅贓物犯은　關聯事件이나.
　（各古　地判,　昭和32. 5. 27）

87) 白亨球,　刑事訴訟法, 87, 88面.

同時犯은 一般同時犯의 이론과 규정에 따라 處罰되어야 한다. 아울러 이와 같이 合理的으로 說明해 주는 目的的 行爲支配說의 價値를 높이 評價한다.

第6章

結　論

1. 過失共同正犯論(Fahrlässige Mittäterschaft)의 중심은 2人 以上이 일정한 行爲를 共同으로 하면서 모두 注意義務에 違反하여 過失犯의 構成要件에 해당하는 結果를 발생시킨 경우에 共同正犯으로 處罰하겠는가의 문제해결에 있는 것이다.

그러면서도 過失共同正犯에 대해 아직까지도 그 成否를 놓고 論議의 對象이 되고 있는 것은 刑法 第30條의 共同正犯規定에 대한 學理的 判斷과 判例등이 合一될 수 없는 理論的 不一致에 있기 때문이다.

생각건대 社會가 犯罪로부터 保護될 수 있는 것은 刑法의 社會保障的 機能(Soziale garantierende Funktion)[1]과 犯罪에 대한 公平한 刑罰的 機能(Strafliche Funktion)에 기인하기 때문이다. 이 刑法의 社會保障的 機能과 犯罪에 대한 公平한 刑罰的 機能의 合一이 이루어 지지 않을 刑法은 그 機能을 다하지 못하고 만다.

따라서 本 硏究는 目的도 刑法上의 어떤 문제보다도 위의 兩機能이 調和되고 있지 않는 過失共同正犯에 대하여 새로운 해결을 시도해 보고 아울러 現行刑法의 共犯規定 內에서 합리적으로 문제를 解決함에 있는 것이다.

過失共同正犯의 理論을 硏究한 結果 다음과 같은 몇 가지 結論에 이르게 되었다.

첫째, 過失共同正犯의 現況을 肯定論과 否定論으로 나누어 우리

---

1) 刑法의 保障的 機能을 善良한 市民의 人憲章(Magna charta des friedlichen staatsbürgers)이라고 불리기도 한다.(李炯國, 刑法總論硏究 I, 法文社, 1987, 29面)

나라, 日本, 西獨의 諸學者들의 見解를 소개하였던바, 그 어느 見解도 過失共同正犯論을 現行法의 共犯規定 속에서 合理的으로 해결해 주는 理論이 아님을 알게 되었고 이에 過失共同正犯論을 새롭게 再構成할 필요성을 느끼게 되었다. 즉 目的的 行爲支配說의 立場에서 過失共同正犯을 否定하고 同時犯으로 處罰하되 이에 대한 論證의 方法으로서 正犯論과 過失論, 그리고 共同正犯과 同時犯의 고찰을 통하여 演繹的方法을 사용하여 각 章別로 過失共同正犯의 문제를 目的的 行爲支配說의 立場으로 歸着시킴과 同時에 이를 통하여 目的的 行爲論의 가치를 再認識시키고자 하였다.

둘째, 過失共同正犯의 問題는 다름 아닌 正犯의 槪念을 어떻게 보느냐에 따라 共犯으로 볼 수도 있고, 正犯으로 볼 수도 있는 다시 말하면「正犯의 槪念」定立에 있는 것이다. 그러나 이제까지 過失共同正犯에 관한 문제는 第30條 해석에 의한「무엇을 共同으로 하는가」의 문제에만 論點이 주어졌고,「共同正犯의 正犯性」解釋의 근본이라 할 수 있는「正犯의 槪念」에 대해서는 등한시하였던 것 같다.

따라서 本 硏究에서는 過失共同正犯에 관하여「正犯의 槪念」分析에 초점을 맞추고, 그 結果「過失共同正犯의 成否」와「正犯의 槪念」은 相互獨立的인 要素가 아니라 不可分의 關係를 이루는 것을 論證할 수 있었다. 이러한 論證의 結果 過失犯의 共同正犯에 관한한 正犯의 槪念에 있어서는 目的的 行爲支配說에 의함이 가장 妥當함을 알게 되었다.

셋째, 이러한 目的的 行爲論에 의하면 過失共同正犯은 否定되어야 함이 타당하다는 結論을 얻었다. 目的的 行爲支配說에 依하면「共同犯行의 決意」를 기초로 한다는 것은 故意를 가지고 있다고 볼 수 있기 때문이다.

우리나라 判例는 처음에는 過失犯의 共同正犯을 認定하지 않다가 즉 「2人 以上의 共同過失로 인하여 사람을 死傷에 이르게 하였을 때는 共犯規定의 適用없고 그 各自에 대하여 刑法 第21條를 適用處斷할 것이다」라고 判示하였지만, 最近에는 「刑法 第30條에 共同하여 罪를 犯한 때」의 罪는 故意犯이고 過失犯이고를 不問한다고 해석하여야 할 것이고 따라서 共同正犯의 主觀的要件인 共同의 意思도 故意를 共同으로 가질 意思임을 必要로 하지 않고 故意行爲이고 過失行爲이고 간에 그 行爲를 共同으로 할 意思이면 足하다고 해석하여야 할 것이므로 2人 以上이 어떠한 過失行爲를 서로의 意思連絡 아래 하여 犯罪되는 結果를 發生케 한 것이라면 여기에 過失犯이 成立되는 것이다」라 하여 過失犯의 共同正犯을 認定하고 있다.

생각건대 이 判例는 行爲共同說의 見解와 同一한 취지인데 그렇다면 行爲共同說의 立場에서는 認定될 수 없는 共謀共同正犯을 認定한 判例의 立場과 調和가 잘 되지 않음을 알 수 있다. 더구나 共同正犯은 共同犯罪의 決意下에 客觀的으로 自己의 犯罪寄與를 通하여 다른 共犯의 犯罪樣態를 하나의 統一된 犯罪로 보충하는 관계인바 過失犯에는 이러한 共同正犯의 決意가 있다고 볼 수 없으므로 過失犯의 共同正犯은 否定되어야 함이 妥當하다 할 것이다.

넷째, 過失犯의 共同正犯에 관한 문제는 正犯의 기초이론 특히 目的的 行爲支配說의 立場에서 過失犯이 本質, 注意義務의 構造分折과 共同正犯의 成立要件, 主觀的要件인 共同實行의 意思의 內容的 檢討와의 관련 중에 理論的으로 決定되어야 한다.

過失犯에 있어서 注意義務는 犯罪的 結果를 豫見하고 그 結果를 회피하여야 할 義務와 豫見·回避의 가능성 등으로 構成된다. 그런데 이 注意義務는 각 行爲者의 個別的·具體的 事情을 기초로 하여 판단되어야 하므로 注意義務의 共同違反은 論理的으로 타당하지 않다.

다섯째, 共同正犯의 主觀的 要件인 共同實行의 意思는 行爲者가 相互의 협력에 依해 犯罪事實을 實行하는 意思를 意味하는바 過失犯에 있어서는 前構成要件的인 社會的 事實의 共同으로 犯罪事實을 實現하는 意思는 過失犯의 注意義務의 내용이 罪犯事實의 認識 내지 認容의 缺如에 대한 豫見義務 및 回避義務의 違反에 있다고 하면 理論的으로 認定될 수 없다. 過失犯의 共同正犯은 目的的 行爲 支配說에 依하면 이를 認定할 수 없고, 그것은 단순히 同時犯이 될 뿐이다. 따라서 過失의 共同正犯을 否定하고 아울러 이를 肯定하는 學說 및 判例에는 따를 수 없다.

여섯째, 過失의 共同正犯을 否定하는 本 硏究의 立場에서는 結果發生의 原因된 行爲가 判明된 경우에는 各自의 行爲에 따라 그 行爲의 範圍 내에서 處罰될 것이고, 結果發生의 原因된 行爲가 判明되지 아니한 경우에는 第19條에 依하여 모두 未遂로 處罰하여야 하나 過失犯의 未遂는 處罰되지 않으므로 處罰되지 않게 된다. 다만 過失傷害行爲만은 第263條와 관련하여 모두를 過失傷害罪로 處罰하게 된다.

일곱째, 共犯의 特殊性은 主觀的인 面에서 意思의 强化作用으로 나타나고, 客觀的인 面에서 行爲의 利用·補充作用으로 나타나는 것이므로 우리 刑法上의 規定을 主觀的 立場이나 客觀的 立場의 어느 하나만에 의하여 劃一的으로 說明하는 것은 不可能하다고 생각한다. 따라서 主觀的立場과 客觀的立場을 綜合한 目的的 行爲支配說의 立場에서 볼 때 過失共同正犯은 同時犯으로 處罰하면 足하다는 總論을 얻게 되었다.

여덟째, 目的的 行爲論은 因果的 行爲論이나 社會的 行爲論과 같이 여러 가지 약점이 있으나 그들이 갖는 약점에 비하면 너무나 장점이 많기 때문에 그 약점은 장점에 가려지게 되며 目的的 行爲論

의 진정한 의도는 객관적, 因果的 不法論의 극복을 위한 人的 不法
論의 理論的 根據提示요, 現在에도 犯罪論의 기초로서 사용될 수
있는 점에서 높이 평가할 만하다는 결론을 얻었다.

끝으로 이렇게 解釋하면 適失共同正犯이 現行 刑法上의 共同正犯
의 規定 그리고 同時犯과의 관계를 解決할 수 있어 實務上의 要請
에도 應할 수 있고 反面 從來 단지 意思의 連絡이 있었다는 사실만
으로 共同正犯이 成立한다는 實務上의 안이한 適用態度에 관하여서
도 嚴格한 제한을 加하게 되어[2] ─目的的 行爲支配가 없는 한 過
失犯의 共同正犯은 認定할 수 없다. ─國家의 刑罰權盜用으로부터
國民을 保護할 수 있는 것이다. 이렇게 해석함이 被告人의 利益을
위해서나 罪刑法定主義의 原則에 合當한 해석이라고 할 수 있다.[3]

2. 本 論者는 過失犯의 共同正犯을 부정하고 따라서 故意犯과 過
失犯의 競合形態인 結果的加重犯 역시 共同正犯이 부정되어야 한다
고 본다. 그 이유는 過失犯의 共同正犯을 부정한 이유를 그대로 채
용할 수 있으리라 본다.

過失犯의 共同正犯을 認定하는 立場(行爲共同說・共同行爲主體
說)에서는 結果的加重犯의 同時正犯도 당연히 인정하나[4] 過失犯의
共同正犯을 否定하는 立場(犯罪共同說・共同意思主體說・目的的 行
爲支配說)에서는 이를 否定한다.[5]

---

2) 이러한 類推解釋의 禁止는 類推解釋을 통하여 刑罰을 根據짓거나 刑
  을 加重하는 것을 금지함에 그 의이가 있다.
  (Vgl. Lackner, Strafgesetzbuch, kommentar, §1. 1. d(S.7), Rudolphi
  SK, §1. V. Rn. 22 (Abschn. 1. S.8).
3) 특히 罪刑法定主義의 原則은 最近에는 「不法이 없으면 刑罰도 없다」
  (Keine strafe ohne Unrecht), 「필요 없으면 刑罰도 없다」(Keine
  strafe onc Notwendigkeit)는 實質的 法論議가 등장하고 있다.
4) Vgl. Maurach/Gössel/Zipf, Strafrecht AT. 5. Aufl. 1978. S.229.
5) Dreher-Tröndle, Strafgesetzbuch, kommentar, 40. Aufl. 1981, S.103. H.

이러한 見地에서 볼 때 日本大審院이 明治 44年 3月 16日 第2刑事部가 傷害致死事件에 관하여 同時犯으로 보고(그 이유는 역시 刑法總則의 共同規定은 過失犯에 適用안 된다는 것) 原因된 行爲가 判明되지 않았다 하여 모두 傷害의 한도에서 責任지운 것은 타당하다 하겠다. 그리고 1960年 獨逸 刑法草案22條는 「法令이 行爲의 結果에 加重刑을 결합된 때에는 正犯者 또는 共犯者가 그 결과에 대하여 過失의 責任이 있을 때에 한하여 그들에 重한 刑을 科한다」고 規定하고 있다. 이는 共犯者와 같이 共同責任을 지는 것이 아니고 各 者에게 個別的 責任을 論함으로써 加重結果의 責任있는 者에 한하여 그 加重結果의 刑으로 處罰한다는 취지이다. 이것은 共犯者라 할지라도 加重結果에 過失이 없는 者에 대해서는 그 加重結果의 刑으로 處罰함을 방지하기 위한 현명한 立法이라 할 수 있다.

3. 이상의 硏究結果를 기반으로 하여 立法方向을 提示해보기로 한다. 우선 立法論으로서 이탈리아 刑法 第13條는 「過失犯에 있어서는 事實이 2人 以上의 者의 共同行爲에 依하여 惹起되었을 때 그 各人은 當該 罪에 대하여 規定된 刑에 處한다」고 第一項에 規定하였고 1949年 이태리 刑法 集備草案도 第89條 1項에서 같은 취지를 보인다.

또한 獨逸의 1913年 案38條 及 1919年 31條에서는 「數人이 共同하여 또는 競合하여 (mit-oder neben einander)過失에 依하여 하나의 可罰的 行爲의 構成要件을 구체적으로 實現한 때는 各人이 行爲者로 處罰된다」고 規定한 것을 發見할 수 있으나 論者는 現行法의 規定으로 充分하므로 立法은 不必要하다고 생각한다.

또한 過失의 共同正犯論의 문제에 있어 刑法改正과 관련하여 正

H. Jescheck, Lehrbuch des strafrechts, AT. 2 Aufl. S.251. Schönke /Schröder/Cramer, S.251.

犯에 관한 條文을 新設할 것을 主張한다. 왜냐하면 刑法 第2章 第3節 「共犯」은 共同正犯, 敎唆犯, 從犯, 共犯과 身分 및 間接正犯에 관하여 규정하고 있다. 그러나 共同正犯과 間接正犯은 그 性質上 共犯이 아니라 正犯인 것이므로, 그것들에 관한 규정을 共犯의 節에 포함시키는 것은 타당하다고 할 수 없기 때문이다. 그러므로 第3節의 表題는 「共犯」이 아니라 「正犯과 共犯」으로 고쳐야 할 것이다. 그리고 正犯의 개념이 정하여지면 그것에 따라 共犯의 개념도 정하여지는 것이므로(正犯槪念의 優位性), 正犯에 관한 것들을 먼저 규정하고 그 다음에 共犯에 관한 것들을 뒤이어 규정하는 것이 좋으리라고 생각한다. 그리고 正犯에 관한 규정에는 (單獨)正犯, 共同正犯, 共謀共同正犯 및 間接正犯에 관한 것들이 포함되어야 하리라고 생각한다.6) 실제로 西獨刑法 第25條는 正犯 間接正犯 및 共同正犯에 관하여 규정하였고, 日本 改正刑法 草案은 그 第26條에서 單獨正犯과 間接正犯을 그리고 그 第27條에서 共同正犯과 共謀共同正犯을 규정하고 있다. 이에 관하여 여기에서 우선 결정되어야 할 것은 (單獨)正犯에 관한 定義·規定을 어떻게 新設할 것인가라는 문제이다. 正犯의 槪念이 확실하게 정해져야만 그것에 따라 共犯의 槪念도 분명해지는 것이므로, 이 문제는 신중하게 결정되지 않으면 안 된다. 이에 관하여 西獨 刑法 第25條는 「스스로 罪를 犯한 者는 正犯으로 處罰된다」(Als Täter wirt bestraft, wer die straftat selbst begeht)라고 규정하고 있다. 물론 스스로 罪를 犯한 者가 正犯으로서 處罰되어야 함은 당연한 이치에 족하는 것이지만 그러나 어떻게 하는 것이 「스스로 罪를 犯」하는 것인가에 대한 의문은 풀리지 않는다. 그러므로 이에 관해서는 「더 이상의 설명」이 필요하

---

6) 黃山德, 刑法改正의 問題點, 邦文社, 1986. 55面 以下.

190

다고 말하게 된다. 그리고 이에 관하여 여기에서 강조하고 싶은 것은 正犯의 槪念으로부터는 過失犯을 제외시키는 것이 필요하다는 점이다. 다시 말하면, 故意犯의 세계에서만 正犯과 共犯의 區分이 문제될 수 있다고 보아야 한다. 이 점이 분명하지 않았기 때문에 지금까지 學者들의 論議가 분분하였던 것이지만 그러나 正犯은 본래 正犯과 관련시킴으로써만 그 의의가 뚜렷해지는 것이므로 正犯과 故意·過失을 어떻게 관련시킬 것인가는 참으로 중요한 문제로서 등장하게 된다.

이와 같이 볼 때 本 硏究는 이와 같은 문제해결에 一助가 되었을 것으로 믿는다. 그리고 共犯을 염두에 두고서 볼 때에 正犯을 故意犯에 국한시키는 것이 필요하다고 認定되므로, 筆者는 正犯의 定義·規定을 「犯罪意思를 가지고 스스로 罪를 犯한 者는 正犯으로 處罰된다」라고 규정할 것을 立法論的으로 提示하고자 한다. 왜냐하면 모든 「法은 자기 자식을 잡아먹는 사탄」(das Recht ist der Saturn, der seine eigen kinder verspeist)7)이므로 刑法도 또한 自己 自身의 과거를 털어 냄으로써만 젊어질 수 있기 때문이다. 또한 社會가 있는 곳에 法이 있듯이 社會가 변하면 法도 변해야 하는 것이다. 이러한 요구는 犯罪와 刑罰의 法인 形法에 있어서 특히 正犯과 共犯의 문제에 있어서 가장 강렬한 것이 되지 않으면 안 되는 것이다. 法律과 制度는 항상 沈降하는 傾向이 있다. 그것들은 時計와 같이 적절한 시기에 닦아내고 태엽을 감아 正確한 시간에 맞추어 놓아야 한다.(Laws and institutions are constantly tending to gravitate. Like clocks, they must be occasionally cleaned, and wound up, and set to true time.)8)

---

7) R. v. Jhering, Geist des römischen Rechts, Teil. 2 Aufl. 1968. S.70.

8) Henry Ward Beecher, Life Thoughts.(法制處刑, 法制 第13號(1982年 5月 10日)에서 再引用)

Ⅰ. 韓國文獻

1. 單行本

金鍾壽, 共謀共同正犯의 理論, 法典出版社, 1973.

南興祐, 刑法總論, 博英社, 1983.

白南檍, 刑法總論, 第3全訂版, 文星堂, 1958.

徐壹敎, 刑法講義(各論), 第一文化社, 1966.

孫海睦, 間接正犯에 관한 研究, 檀國大學校大學院 博士學位論文, 1974.

廉政哲, 刑法總論, 可法新書會, 1970.

劉基天, 刑法學(總論講義), 全訂版, 一潮閣, 1980.

李建鎬, 刑法學槪論, 高麗大出版部, 1975.

李在祥, 刑法新講(總論Ⅰ), 博英社, 1984.

李在祥, 刑法總論, 博英社, 1986.

李正夫, 共謀共同正犯에 관한 研究, (檀國大學校大學院 博士學位論文)
    1983.

李炯國, 刑法總論研究Ⅱ, 法文社, 1986.

鄭盛根, 刑法總論, 法志社, 1987.

鄭盛根, 共同正犯의 理論, 新陽出版社, 1978.

鄭盛根, 共謀共同正犯論에 관한 研究(成均館大學校大學院 博士學位論
    文), 1979.

鄭榮錫, 刑法總論, 第4全訂版, 法文社, 1978.

鄭鎭連, 過失犯의 共同正犯에 관한 研究(成均館大學校大學院 博士學位
　　論文), 1983.

鄭暢雲, 刑法學總論, 博英社, 1966.

陳癸鎬, 新稿刑法總論, 大旺社, 1987.

車鏞碩, 刑法總論講義 I, 博英社, 1986.

黃山德, 刑法總論, 第6訂版, 邦文社, 1987.

黃山德, 刑法各論, 第4訂版, 邦文社, 1987.

黃山德, 法哲學講義, 第3訂版, 邦文社, 1983.

黃山德, 刑法改正의 問題點, 邦文社, 1986.

韓國刑事法學會, 刑事法講座 I, 博英社, 1981.

韓國刑事法學會, 刑事法講座 II, 博英社, 1986.

申東旭外 7人共著, 新稿刑法總論, 韓國司法行政學會, 1980.

黃山德博士華甲記念論文, 法哲學과 刑法, 法文社, 1979.

金南沃編著, 判例刑事法, 乙支出版公社, 1985.

2. 翻譯書(論文 포함)

金日秀, 刑法學方法論(Claus Roxin, Kriminalpolitik und. Strafrechts-
　　ystem) 博英社, 1984.

金鍾源, 結果無價値와 行爲無價値(平野龍一著), 考試界, 1983. 12月,
　　1984. 12月.

黃山德, 刑法體系의 新形象(H. Welzel, Das neue Bild des Strafrechtss-
　　ystems), 博英社, 1958.

金鍾源, 過失論의 發展과 現況(Hans Heinrich Jescheck, Entwicklung und Stand der Lehre von der Fahrlässigkeit in Deutschland, Korea und Japan), 法曹 第28券 12號, 1979. 12.

3. 論 文

金日秀, 本質的 犯罪論에 관한 方法論的 一考察, 刑法學方法論, 博英社, 1987.

金日秀, 行爲概念의 體系上의 위치와 機能, 考試研究, 1984. 12.

金鍾源, 過失犯의 構造, 서울大學校 法學 第17券1號, 1976. 6.

金鍾源, 過失犯, 刑事法講座 I, 博英社, 1981.

金鍾源, 犯罪共同說과 行爲共同說, 考試研究, 1974. 6.

金鍾源, 共犯의 從屬性과 관련하여 새로운 共犯論의 구상, 社會科學論集, 延世大學校, 第8輯, 1977.

金鍾源, 共謀共同正犯의 共同正犯性(法律 및 政治에 관한 諸問題) 白南檍博士還歷記念論文集, 1975.

金鍾源, 共犯의 從屬性, 考試界, 1985. 9. 10, 11.

金鍾源, 刑法總則의 解釋論的 再檢討, 考試界, 1983. 6.

金鍾源, 共犯의 構造, 刑事法講座 II, 博英社, 1986.

朴東熙, 共同正犯(1), (2), (3), 새 法政, 1974. 7. 8, 9.

朴貞根, 過失犯의 共同正犯, 司法行政, 1972. 9.

成時鐸, 正犯과 共犯의 區別, 法政 1975. 9.

申洋均, 共犯과 正犯의 區別, 考試界, 1983. 7. 9. 10月

沈在宇, 刑法學에 있어서 目的的 行爲論과 社會的 行爲論, 저스티스 13

券 第1輯, 1975. 12.

沈在宇, 目的的 行爲論의 行爲概念에 대한 批判, 考試研究, 1977. 4.

沈在宇, 社會的 行爲論의 過失犯의 體系, 考試界, 1980. 4.

沈在宇, 目的的 行爲論의 過失犯體系에 대한 批判, 考試研究, 1981. 4.

沈在宇, 過失犯의 共同正犯, 考試界, 1980. 4.

沈在宇, 正犯과 共犯의 區別, 考試研究, 1982. 4.

沈在宇, 正犯과 共犯의 區別, 刑事法講座Ⅱ, 博英社, 1986.

沈憲燮, 共同正犯과 機能的行爲支配, 考試研究, 1974. 9.

沈憲燮, 過失과 注意, 崇田大學校論文集, 第22輯, 1970.

沈憲燮, 過失犯에 관한 研究, 저스티스 韓國法學院刊, 第10券. 第1號,
        1972.

沈憲燮, 行爲論, 韓國刑事法學會編, 刑事法講座Ⅰ, 博英社, 1985.

廉政哲, 過失犯의 共同正犯, 考試界, 1968. 8.

李炯國, 刑法上 行爲論에 관한 考察, 考試研究, 1983. 11, 1984. 1.

李炯國, 同時犯, 考試研究, 1984. 1.

李炯國, 共同正犯, 考試研究, 1985. 9. 10, 11.

任雄, 共同正犯과 從犯의 區別, 考試界, 1983. 2.

鄭盛根, 過失犯의 共同正犯, 考試研究, 1976. 11.

鄭盛根, 犯罪共同說과 行爲共同說, 檀國大學校法學論叢11輯, 1977. 10.

鄭榮錫, 過失犯의 共同正犯, 延世論叢, 第10券, 1973.

孫海睦, 비르크마이어의 共犯論(1), 月刊考試, 1982. 1.

鄭暢雲, 同時犯과 因果關係, 考試界, 1967. 7.

黃山德, 信賴의 原則, 法曹, 1973. 6.

黃山德, 正犯과 共犯, 考試研究, 1982. 10.

Ⅱ. 日本文獻

1. 單行本

小野淸一郎, 新訂刑法講義(總論), 有斐閣, 1950.

大塚仁, 刑法要論, 成文堂, 1973.

大塚仁, 注解刑法(增補第2版), 靑林書院新社, 1977.

大塚仁, 共犯(刑法の 焦點), 大塚仁先生に聞く, 有斐閣, 1985.

大塚仁, 犯罪論の 基本問題, 有斐閣, 1982.

佐伯千仭, 刑法總論, 有信堂, 1956.

齊藤金作, 刑法總論, 有斐閣, 1959.

齊藤金作, 共同判例と共犯立法, 有斐閣, 1959.

齊藤金作, 共犯理論の 研究, 有斐閣.

永井勘太郎, 刑法總論, 有斐閣, 1956.

西村克彦, 共犯論序說, 法政大學出版局, 1961.

中山硏一, 口述刑法總論, 成文堂, 1978.

下村康正, 共謀共同正犯と 共犯理論(增補版), 學陽書房, 1983.

下村康正, 共同正犯, 日本刑法學會編, 有斐閣, 1964.

牧野英一, 刑法總論, 有斐閣, 1952.

福田平, 目的的 行爲論と犯罪理論, 有斐閣, 1964.

福田平, 刑法總論, 有斐閣, 1976.

內田文昭, 刑法Ⅰ(總論), 有斐閣, 1973.

內田文昭, 刑法における, 過失共働の 理論, 有斐閣, 1971.

西原春夫, 間接正犯の 理論, 成文堂, 1967.

西原春夫, 刑法總論, 成文堂, 1979.

井上正治, 過失犯の 構造, 有斐閣, 1962.

井上正治, 過失の 實證的 研究, 有斐閣, 1950.

木村龜二, 刑法讀本, 有斐閣, 1967.

木村龜二, 刑法總論(新法律學演習講座), 靑林書院, 1961.

木村龜二, 犯罪論の 新構造(下), 有斐閣, 1981.

安平政吉, 責任主義の 刑法理論, 酒法理論, 酒井書店, 1981.

團藤重光, 改訂版 刑法網要總論, 創文社, 1981.

井上祐司, 行爲無價値と 過失犯論, 成文堂, 1977.

藤木英雄, 過失犯(新舊過失論爭), 學陽書房, 1975.

藤木英雄, 刑法總論, 弘文堂, 1975.

植田重光, 共犯論上の 諸問題, 成文堂, 1984.

八木眸編, 刑法重要判例集, 新日本法規出版株式會社, 1979.

瀧川幸辰, 犯罪論序說, 有斐閣, 1947.

瀧川幸辰, 現代の 共犯理論(齊藤金作博士還歷祝賀), 有斐閣, 1964.

大場茂馬, 刑法總論下券, 有斐閣, 1917.

香川達夫, 刑法解釋學の 諸問題, 有斐閣, 1981.

2. 論　文

小野淸一郎, 構成要件と 共犯の 諸問題(犯罪構成要件の 理論) 1953.

齊藤金作, 共同正犯の 正犯性(現代刑法學の 課題, 瀧川博士還歷記念論文), 有斐閣, 1950.

下村康正, 刑法講座4 「正犯」, 日本刑法學會編, 1964.

下村康正, 共謀共同正犯, 「刑法の判例」ジユリスト, 1967.

平場安治, 過失失同正犯－それはう 得るか, 法學論叢59券3號, 1953.

平場安治, 刑法における行爲概念の 研究, 成文堂, 1974.

大野平吉, 共犯と 正犯の 區別, (刑法の 爭點) 有斐閣, 1984.

內田文昭, 共同正犯, 判例刑法硏究(西原春夫外 4編), 有斐閣, 1980.

西原春夫, 過失と 共犯(統合判例硏究叢書刑法(26)), 有斐閣, 1965.

西原春夫, 過失犯の 構造(現代別刑講座3券), 成文堂, 1971.

井上正治, 判例におうあれた過失犯の 理論, 酒井書店, 1968.

木村龜二, 「過失の 共同正犯」判例演習刑法總論(大塚仁, 平野龍一, 福田 平編), 有斐閣, 1960.

團藤重光, 過失犯と 人格責任論, 過失犯Ⅰ, 日沖憲郎博士還歷祝賀論文集, 1966.

中義勝, 判例ハソドフツ 刑法總論(法學セスⅠ) 11號別冊附錄).

中義勝, 「過失犯の 共同正犯」, 日本評論社, 1980.

靑木淸相, 「犯罪共同說・行爲共同說, 演習刑法總論, 有斐閣, 1971.

金澤文雄, 「犯罪共同說か行學共同說か」, 論爭刑法(中義 編), 有斐閣, 1976.

齊藤金作, 「共同意思主體說と 共犯判例」, 共犯理論の 硏究, 有斐閣, 1952.

小野淸一郎, 「構成要件と 共犯の諸問題」 犯罪構成要件の 理論, 有斐閣, 1953.

198

Ⅲ. 獨逸文獻

1. 單行本

Baumann, Jürgen. Strafrecht. AT, 8. Aufl., Bielefeld: Ernst und Werner Giesekins, 1977.

Baumann/Weber, Strafrecht. AT, 9. Aufl., Bielefeld: Ernst und Werner Gieseking, 1985.

Binding, K. Grundrisses Deutschen strafrechts, AT. 8 Aufl. 1919.

Binding, K. Die Normen und lhr übertretung; Bd. 4. Die Fahrlässigkeit, 1919.

Blei, Hermann. Strafrecht I. AT, 18, Aufl., München: C.H. Beck, 1983.

Bockelmann, Paul. Strafrecht. AT, 3. Aufl., München: C.H. Beck, 1979.

Buri, v. Die Causalität und ihre strafrechtlichen, Beziehung 1860.

Buri, v. Zur lehre von der Teilnahme, 1860.

Dreher/Tröndle, Strafgesetzbuch, Kommentar, 40. Aufl., München; C. H. Beck, 1981.

Eser, Albin, Strafrecht Ⅱ, AT, 3. Aufl., München; C.H. Beck, 1980.

Haft, Fritjof. Strafrecht, AT, München: C.H. Beck, 1980.

Schmidt, Eberhard. Einführung in die Geschiehte der deutschen Strafrechtspflege, Ⅱ, Göttingen: Bandenboed & Rupredjt, 1951.

Samson/Horn/Rudolphi, Systematischer Kommentar Zum Strafgesetzbuch(SK), Bd. I, AT, 3. Aufl., Frankfurt: Alfred Metzner Verlag, 1983.

Schönke/Schröder/Cramer, Strafrecht Gesetzbuch Kommentar, 20,

AT., München: C. H. Beck, 1980.

Stratenwerth, Günter. Strafrecht, AT. 1. 3. Aufl., Köln: Carl Heymanns, 1981.

Welzel, H. Das neue Bild des Strafrechtssystems, Aufl., Göttingen: OTTO Schwartz Verlay, 1957.

Welzel, H. Das Deutsche Strafrecht, 6, Aufl., Berlin: Walter de Gruyter, 1958.

Welzel, Hans. Das Deutsche Strafrecht, 11, Auf., Berlin: Walter de Gruyter, 1969.

Wessels, Johannes. Strafrecht, AT 13, Aufl., Heidelberg: C. F. Müller, 1983.

2. 論　文

Bockelmann, P. Über das verhaltn is von Täterschaft und Teilnahme, 1949.

Crammer, Peter. "Gedanken Zur Abgrenzung von Täterschaft und

Herzberg, Rolf-Dietrich. Täterschaft und Teilnahme, München: C.H. Beck 1977.

Jakobs. Günter. Strafrecht, AT, Berlin: Walter de Gruyter. 1983.

Jescheck. Hans-Heinrich. Lehrbuch des Strafrechts, AT, 3, Aufl., Berlin: Dunker & Humblot, 1978.

Liszt, v. Lehrbuch des Deutschen strafrechts, 22 Aufl, 1919, S.212.

Maurach, Reinhard. Deutsches Strafrecht, AT, ein Lchrbuch, Karlsruhe: C. F. Müller, 1954.

Maurach/Gössel/Zipf, Strafrecht, AT, Teilband Ⅱ, Heidelberg: C. F. Muller. 1978.

Mayer, Helmuth. Strafrecht, AT. Stuttgart und Köln: W. Kohlhammer, 1967.

Mezger, E. Lehrbuch, 2 Aufl. 1967.

Radbruch, Gustav. Rechtsphilosophie, Stuttgart, K.F. Koehler Verlag, 1970. (Herausgegeben von Frik Wolf).

Roxin, Claus. Leipziger Kommentar (Verfassername), 10. Aufl., Berlin: Walter de Gruyter. 1984.

Roxin, C. Täterschaft und Tatherrschaft, 4, Aufl., Berlin: Walter de Gruyter, 1984.

Schmidhauser, Eberhard. Strafrecht AT, Tübingen: J.C.B. Mohr, 1982.

Teilnahme, Festschrift für R.Lange Zum 70. Geburtstag Berlin, Walter de Gruyter, 1979.

Engisch, K. Untersuchungen über Vorsatz und Fahrlässigkeit im strafrecht, 1964.

Engisch, K. Der finale Handlungsbegriff, Kohlrausch-Feschr. 1968.

Gallas, W. Täterschaft und Teilnamme materialien zur strafrechts reform. 1954.

Gossel, K. H. Wertungsprobleme des Begriff der finalen Handlung 1966.

Hirsch, H. J. Der streit um Handlungs-und unrechtslehre in der ZStW. ZStW. Bd. 93. 1981.

Jakobs, Günter. Vermeidbares Verhalten und strafrechts-systems. Welzel-Festschrift, 1974.

Jescheck, H. H. Der Strafrechtfiche Handlungsbegriff, in dogmenges-
chichtlicher Entwicklung, 1978. Aufbau and Behandlung der
Fahrlässigkeit in moderne strafrecht, 1965.

Kantorowicz, H. Der Strafegesetzertwuft und die Wissenschaft: Monat-
schrift für kriminologie und strafrechtsreform. 7 Jahrgang. 1910.

Arthur Kaufmann/ Winfrid Hassem, Grundprobleme der Zeitgenossis
-chen Rechtsphilosophie und Rechtstheorie 1980.

Kienapfel, A. Das prinzip der Einheitstaterschaft. Jus, 1974.

Maihofer, E. Der Handlungsbegriff im verbrechenssystem, 1953.

Maiwald, M. Abschied Vom strafrecht-lichen Handlungbegriff. Zstw.
Bd 86. 1974.

Niese, W. Finalität, vorsatz und Fahrlassigkeit.

Nowakowsk, F. Zu welzels Lehre von der fahrläsigkeit, J2. 1958.

Kaufmanni, A. Die finale Handlungslehre und die Fahrlässigkeit Jus,
1967.

Radbruch/zweigert, Einführung in die Rechtswissenschaft, 12 Aufl.
1969.

Roxin, C. Der begriff der Handlung in der neuern Diskussion der
deutschen strafrechtsdogmatik, 1985.

Roxin, C. Täterschaft, Leipziger kommentar, 1984.

Schmidt, Eb. Soziale Handlungstehre, Engisch-Festschrift, 1969.

Welzel, H. Studien zum system des strafrechts, in zstw. Bd. 58, 1939.

Welzel, Die finale Handlungslehre und die fahrlässigen Handlurgen,
JZ, 1956.

과실의 공동정범의 이론*

이보영**

I

2인 이상이 공동하여 범죄를 실행하는 경우를 공동정범(Mitta terschaft)이라 하는바, 이에 관하여 형법 제30조는 「2인 이상이 공동하여 죄를 범한 때에는 각자를 그 죄의 정범으로 처벌한다.」고 규정하고 있다.

그러나 우리 형법규정은 무엇을 공동으로 하는가 분명하지 않으며, 공동정범의 주관적 요건인 공동실행의 의사는 고의범에만 가능한가 과실범의 경우에도 가능한가를 알 수 없다. 따라서 이에 관한 문제는 학설과 판례에 위임 할 수밖에 없는 실정이다.

독일이나 일본의 경우에도 그것은 마찬가지여서 독일의 1913년의 독일 형법전 초안(Vorentwurf zu einem Deutch Strafgesetz-buch) 제3조는 고의범에 한하여 공동정범을 인정하였으나(1919년의 제27조도 동지임), 최근 1975년의 신형법총칙 제25조 2항과 일본형법 제60조의 경우는 우리와 마찬가지로 공동정범의 요건인 공동실행의 의사는 고의범에 한하는가에 대하여 전혀 언급이 없기 때문에 이는

---

* 이 논문은 1991년도 한국형사법학회 추계학술연구발표회에서 발표한 것임.
** 호서대학교 법학과 교수·법학박사

해석자의 완전한 자유로운 선택에 맡겨져 있다.

그동안 이 문제를 놓고 종래의 학설은 행위공동설을 취하면 과실공동정범을 인정하고 범죄공동설을 취하면 과실공동정범을 부정하게 된다는 것이 공식처럼 되어 있다.[1]

한편 우리나라 판례의 입장은 초기에는 과실범의 공동정범을 부인하는 입장에 있었으나[2] 그 후 종전의 입장을 바꾸어 행위공동설의 입장에서 이를 인정한 후 계속 입장을 고수하고 있다.[3]

그리고 일본에서도 이미 1953년에 초기의 부정적 견해의 입장을 바꾸어 이를 인정하고 있다.[4]

결국 리스트가 제기한 설례,[5] 즉 수인의 공사인부가 공동작업중 부주의하게 물건을 위로부터 자재를 떨어뜨렸기 때문에 통행인이 사망하였을 때 공동정범자로서 책임을 물을 수 있는가 하는 문제를 계기로 많은 논의가 제기된 과실범의 공동정범[6]의 문제는 학설과 판례에 맡겨져 있는 셈이다.

〈사례1〉 부주의로 나무를 던져 통행인이 이것에 맞아 죽었다.

〈사례2〉 공동과실로 의사와 간호사는 환자에게 주사를 잘못 놓아 사망케 하였다.

---

1) 솔고, 과실공동정범의 이론에 관한 연구, 1987, 단국대학교 대학원 박사하위 논문, 14면(이히) : 김일수, 형법학원론(총론), 박영사, 1989, 855면 : 정진연 과실의 공동정범에 관한 연구, 1985, 성대대학원 박사논문, 그러나 최근에는 과실공동정범의 성부에 관한 많은 학설의 대립을 고조되어 영일에 있어서도 아직 일의적 해결을 보지 못하고 있다.
2) 대판 1956. 12. 21. 4289 刑上 598 276.
3) 대판 1962. 3. 29, 61 刑上 598 : 1997. 8. 21, 79도 1249 : 1982. 6. 8, 82도 781.
4) 日最判 昭和 28. 1. 23, 형집 7~1. 30.
5) F.v.Lkiszt, Lehrbuch des Deulshen strafrechts, 22. Aufl. 1919. S. 212.
6) 과실공동정범은 이를 과실의 공동정범 또는 과실에 의한 공동정범이라고도 한다.

〈사례3〉 만취한 운전사와 술을 많이 먹게 하여 위험한 상태에 빠지게 한 후 손님을 자동차에 타고 가도록 방치하였다.

〈사례4〉 20명이 확실한 방지책 없이 숲에서 A를 과실살해 하였다.

Ⅱ

1. 문제의 소재

과실공동정범이 성립할 수 있는가에 대하여는 학설상 긍정하는 입장과 부정하는 입장으로 나누어져 있는데, 그 대립의 요인은 형법 제30조의 해석에 전적으로 위임되어 있기 때문임을 전술한 바와 같다.

최근까지도 이 문제에 대한 학설은 부정하는 견해가 단연 우세하였으나 독일, 이태리 등에서 형법상 명문화하여 긍정하는 태도를 보이고 국내외판례가 긍정적 입장을 취하자 바야흐로 학설상 찬반의 대립은 고조되어 금일에 이르러서도 아직 일의적 해결을 보지 못하고 있는 형편이다.

이하 과실공동정범의 이론에 관한 학설을 부정하는 입장과 긍정하는 입장으로 나누어 각 학자들이 주장하는 견해를 유형적으로 묶어서 제학설이 주장하는 바를 밀도 있게 고찰하고 이 문제에 관한 올바른 해답을 찾아보고자 한다.

특히 과실공동정범론을 올바른 해답을 찾아보려는 태도는 법학에 대한 비판적 자기성찰(Kritische Selbstbesinnung)의 태도이자 문제해결의 열쇠라 아니할 수 없다.[7]

2. 과실공동정범론

(1) 과실공동정범 긍정론

（가）주관적 공범론, 확장적 정범론 : 인과관계에 있어서의 조건설을 근거로 정범과 공범을 구별하는 주관적 공범론(Subjektive Teilnahme Theorie)에서는 구성요건적 결과에 대하여 조건관계만 있으면 충분하고 공범을 독립적으로 이해하는 결과 부주의에 의하여 인과적으로 결과를 야기시키는 과실범의 공동정범을 인정하게 된다.[8] 또한 구성요건적 결과에 조건을 준 자는 모두 정범이 된다고 하는 확장적 정범론(Extensive Täter Theorie)에서도 공동의 부주의에 의하여 과실범이 실행될 수도 있다고 한다.[9]

그러나 이러한 설에 대해서는 공동정범의 본질을 망각한 채 단독정범의 원리로 설명하거나, 정범의 표지가 행위지배에 있음을 간과하고 인과관계론으로 설명하려는 오류가 있다는 비판이 따른다.[10]

（나）행위공동설 : 이 설은 공동자의 공동의사는 행위를 공동할 의사, 즉 자기의 범죄를 실현하기 위하여 타인의 행위를 이용할 의사이며, 그 의사는 반드시 고의임을 요하지 아니하므로 과실범의

---

7) 법학에 대한 비판저자기성찰(kritische Selbstbesinnung)의 태도는 신칸트학파의 대표적 학자이자 정범(Recheiges Recht)론을 주창한 「스타믈러」(Rudolf Stammler, 1856~1938)의 순수형식의 고찰에서 비롯되었다.(R. Stammker, Lehrbuch der Rechtsphilosophic, 2, Aufl. 1923, S, 296)

8) V.Buri, Die Causaliat und ihre StraFrechlichen Beziehung, 1885. S. 38 ff : K. Binding, Grundriß des Deuschen StraFrechts, At. B, Aufl. 1919, s. 147 : 牧野英一 전정판 형법이론 상권 유배각 1959, 412~415면.

9) E. Mezger. StraFrecht, 3. Aufl 1949. S. 441 : Mezger, Modern Wege der Straftrechtsdogmatik. 1950, S. 32

10) 정성근, 형법총론(개정판), 1987, 557면.

공동정범·고의범·과실범 사이의 공동정범도 인정하고 있다.[11]

특히 內田은 현행 형법의 태도와는 별개로 하고 이를 순수이론적으로는 인정 될 수 있다는 견해를 펴면서 전 법률적인 사실에 관한 의식적·의욕적 공동이 부주의의 공유라고 하는 계기를 가지는 것에 의해 일개의 전체로서의 구성요건에 해당하는 동시에 위법한 행위→결과로 되는 것이 가능하다고 한다.[12]

그러나 이 행위공동설에 대하여는 ①입법에 근거를 찾기 어려운 순전한 이론적 산물이므로 해석자의 자의에 맡겨져 있다는 점, ②공동정범의 본질문제에서 빗나간 방법론적 약점이 있다는 점, ③행위공동설로서 입법학이 과실공동정범을 인정하는 것으로 보는 것도 본말을 전도시킨 논리적 모순이라는 점 등이 지적될 수 있고,[13] ④공동정범의 성립범위의 확대로 그 처벌이 확대된다는 비판이 따른다.[14]

(다) 공동행위주체설 : 범죄 실현을 위해서 실행행위를 분담할 경우에만 공동정범이 성립한다고 하는 공동행위 주체설에서는 공동행위주체가 성립되어 각자가 실행행위를 분담하는 이상 과실에 의한 결과를 낼 때에도 공범관계를 인정할 수 있다고 보아 과실공동정범을 인정하고 있다.[15]

그러나 공동정범은 전체범죄를 실현하기 위해서 각자가 공동작업을 기능적으로 하는 관계이므로, 개개인의 실행행위와 구별되는 공동행위주체의 실행행위란 생각할 수 없고 책임원칙에도 반할 위험

---

11) 이건호,형법학개론 고려대학교 출판부, 1973, 182면 목촌구이 김정 신 형법독본 유배각, 1967, 265면 이하 : 내전교소, 과실공동 이론, 1971, 42면 이하 : 內田, 공동정법판례연구(서원춘부편), 1981, 164면
12) 내전, 過失共同の理論, 42면 이하.
13) 김일수, 전게서, 856면.
14) 중산연, 형법총론 기본문제, 1977. 262면
15) 유기촌, 형법학(총론강의), 1983, 288

성이 있다는 비판이 따른다.[16)]

(라) 과실공동·행위공동설 : 고의범의 공동정범이 고의의 공동을 필요로 하듯 과실의 공동만 있으면 족하고 이 과실의 공동 위에서 행위의 공동이 있으면(과실행위를 함께한다는 의사의 연락은 불필요) 과실범의 공동정범은 인정할 수 있다는 견해이다.[17)]

그러나 이 설에 대해서는 ①같은 지배범인 고의범과 과실범 사이에서 왜 공동정범의 요건을 달리해야 하는지 그 논거가 확실치 않고, ②과실공범·행위공범의 경우에 과실범의 동시범을 인정하는 것이 개별책임이라는 책임원칙에 더욱 合한데, 과실범의 공동정범이라고 하여 종합적인 책임을 인정하면 책임원칙에 오히려 필요 없이 반한다는 점, ③이 경우에 굳이 동시범 대신 공동정범을 인정할 실익이 없다는 점 등의 비판이 따른다.[18)]

(마) 범죄공동설 중 일부 수정설 : 범죄공동설의 입장에 서면서도 범죄적 의사는 반드시 고의가 아니면 안된다는 귀결이 나오는 것은 아니므로 과실적 결과를 야기시키는 수인의 의사 상태도 공동의 의사로 볼 수 있어 과실공동정범이 긍정된다는 견해가 있다.[19)]

그러나 과실범의 공동정범을 부인하는 범죄공동설을 무리한 이론구성에 의해서 공동정범을 인정하려는 데에 문제가 있다는 비판이 따른다.[20)]

(바) 기능적 행위지배설 : 이 설은 과실공동정범은 고의범의 공

---

16) 김일수 전게서, 856면 : 정성한, 전게서, 577면
17) 심재우,「과실범의 공동정범」, 판례연구 제3집, 1984, 116면 이하 : 이재상 형법총론, 419면 이하
18) 大場茂馬 형법총론(하권), 1917, 1050면 이하
19) 진계호. 과실범의 공동정범, 고시계, 1989, 7, 97면 이하.
20) 정진연, 전게, 133면 이하 : 심재우, 과실범의 공동정범, 고시계, 1980. 4월, 33,26면 이하.

동정범이 고의의 공동을 필요하듯이 주의의무의 위반이라는 과실의 공동만 있으면 족하고 각자의 행위지배(Tatherrschaft)가 기능적으로 분담하는 행위의 공동이 있으면 이를 인정 할 수 있다.[21]

이에 대하여는 ①같은 지배범인 고의범과 과실범 사이에서 공동정범의 요건을 달리하는 논거가 확실치 않고, ②고의범의 공동정범에서 공동의 범죄계획은 단순한 고의의 공동을 넘는 주관적 요건인데 이를 과실의 공동으로만 대체시켜 전체 행위에 대한 귀책을 인정함은 고의범보다 책임범위가 넓어져 고의범원칙에 예외적 과실범이라는 우리의 형법체계에 모순이 있고, 기능적 행위지배론 자체가 원해 고의범의 경우만을 전제로 한 것인데 어떻게 과실범의 공동정범에도 그대로 적용 할 수 있을지가 의문이라는 비판이 따른다.[22][23]

특히 Roxin에 의하면 과실범은 의무범(Pflichtdelikte)이고, 과실작위범의 경우에는 「사실 발생 경과의 의무위반적 조종」(Pflichtwidrige Steuerung des Geschehensablaufs))이다.[24] 그는 일면에 있어서 Welzel이 인과적 행위에 있어서와 같은 결과발생에 중점을 두는 것을 비판하여 행위무가치를 강조한 점에 있어서 동인에게 찬의를 표한다.

그러나 타면에 있어서 그는 과실범을 과실범으로 하는 것은 목적성이 아니라 의무위반성(Pflichtwidrigkeit)이라고 한다. 「어떤 자가 과실범의 행위자로 되는 것은 그 자가 실현하려고 한 것에 의하는 것이 아니라 그 자에 관해진 주의를 의무에 반하여 하지 않았다는 사정만이 있다. 이 의무위반이라는 특징은 토론 할 것은 없고 어디까

---

21) 김일수, 전게서, 857면 이하.

22) 김일수, 전게서,

23) 이를 조금 수정하여 과실에 대한 상호양해, 기능적 행위지베로 보는 견해가 있다. (정성한, 총론, 673면)

24) C. Roxin, Täterschaft und Tatherrschaft, Aufl age. 1975. S. 531. f.

지나 규범적인 것이다.」라고 하면서 「몰가치적인 목적성(Werffreie Finalität)의 범위는 인과성 그것과 같이 과실범의 이해를 위해서는 불충분하다. 여기에 파수꾼이 잠을 잔 판례를 들어 과실부작위범의 경우에는 목적성이 없어도 의무위반성과 과실은 존재한다.」고 논한다.[25]

그에 의하면 공동의무에 대하여 설명이 비교적 상세하나, 「공동위반」에 대하여는 논하지 않는다. 오히려 공동의무의 위반은 당연히 공동위반이라고 생각하는 듯 보인다.[26]

(2) 과실공동정범부인론

(가) 범죄공동설 : 이 설은 공동정범의 주관적 요건인 의사의 공동도 공동자가 특정한 1개의 범죄를 실현할 의사이며, 그것은 고의이므로 그 고의가 공동자 상호간에 존재하는 고의의 공동을 요하는 것이라 이해되므로, 과실공동정범 및 고의범·과실범 사이의 공동정범도 부인되어 단지 동시범이 될 뿐이라고 한다.[27]

그러나 이에 대해서는 ①입법에 근거가 없는 주장으로 자의적 해석이 될 수 있고, ②공동정범의 본질 문제에서 벗어난 방법론적 오류가 없다는 점[28] 범죄공동실의 입장에서는 일부 이를 긍정하는 견해가 있기 때문에 과실공동정범을 부성하는 결정적 근거는 아니라는 비판이 따른다.[29]

---

25) C. Roxin, Täterschaft, Leipziger, 1978, Water de Gruyter, S, 156ff.
26) 졸고, 26면 이하.
27) 김용진, 신형법강의, 1957, 321면 : 정창운, 형법학개론, 300면 : 백남억, 형법총론, 1965, 295면 : 정영석, 과실범의 공동정범, 연세논 10권, 1973, 304면 이하(정교수의 견해는 부분적 범죄공동설이다.)
28) 김일수, 전게서, 855면
29) 대총인, 과실공동정범, 397면 이하 : 내()교소, 형법Ⅰ(총론), 1976,

(나) 공동의사주체설 : 이 설에 따르면 공동의사주체는 일정한 범죄목적이므로 공동정범은 고의범에 한한다고 함으로써 과실범의 공동정범을 부정하고 단지 동시범이 될 뿐이라고 한다.[30] 그러나 이 설에 대하여는 이 설 자체가 타당하지 않고 설사 이 설에 따르는 경우가 있더라도 전체의사에 의한 특수한 사회심리현상은 반드시 고의범죄적 결과가 아니더라도 과실범의 공동정범은 부정할 것은 아니라는 비판이 따른다.[31]

(다) 기능적 행위지배설의 수정설 : 이 설은 기능적 행위지배는 공동의 범행결의에 기초한 공동의 역할 분담을 뜻하므로 공동의 범행결의가 불가능한 과실범에서는 공동정범이 성립할 여지가 없으므로, 만약 과실의 공동이 있을 때는 그것이 공동의 범행결의는 아니므로 각자를 동시범으로 취급해야 한다고 한다.[32] 그러나 이 설에 대해서는 기능적 행위지배설로서도 과실공동정범을 이론적으로 설명할 수 있다는 견해가 있기 때문에 이 설 자체가 이를 부인하는 결정적 계기가 되기 어렵다.[33]

(라) 목적적 행위지배설 : 이 설은 공동정범은 정범의 일종이고 정범이 되려면 고의와 목적적 행위지배가 필요한데, 과실범은 이를 인정할 수 없으므로 공동정범도 인정할 수 없다는 것이다.[34] 그러나 이 설에 대하여는 ① 목적적 행위론의 존재적 목적성으로부터 오는 방법론적 문제가 있고, ② 목적적 행위지배가 있는 고의범의 정범과 맹목적인 사실인 과실범의 정범이라는 이원적인 정범개념을

281면.
30) 제소김작, 공범판례と공범입법, 동경 유배각, 1959, 139면 이하.
31) 내전교소, 형법 における, 과실공동の이론, 유배각, 1971, 42면.
32) 김일수, 전게서, 859면 이하.
33) 진계호전게서, 99면 이하.
34) 황산덕, 형법총론, 1988, 227면.

인정함으로써 통합적 정범개념을 부인한 점, ③ 과실범의 규범적 성격을 도외시하여 단순한 존재적 목적성에 기초한 이론적 요구를 관철시키려고 한다는 등의 비판이 따른다.[35]

　(마) 독일의 통설 : 독일 학자들은 대체로 과실공동정범을 부정하는 입장에 있다.[36]

　먼저 「리스트」(Liszt)는 공동정범을 가지고 타인의 동작에 대한 비독자적인 가공의 일형식이 아니라 고유한 독자적인 정범이라는 입장에 입각하나 공동정범자의 주관적 요건으로서의 범의에는 범죄요소의 인식, 다수인의 그 의식적인 협력이라는 것 없이 동일결과의 야기 또는 그 부저해에 대하여 가공한 경우에는 공동정범으로부터 제외되고 그것은 동시범(Nebentäterschaft)으로 된다고 한다.[37]

　「알펠트」(Allfeld)도 공동정범에는 범의가 필요하다고 하여 범의는 구성요건의 실현을 향한 -따로이 정범자 고의에 대하여 요구되는 것과 같은 범위의- 의사, 즉 타인도 같은 범의를 갖고 행위 한다는 인식, 최후로 구성요건의 실현에 관하여 자기의 동작을 타인의 동작과 결합한다고 하는 의사를 포괄하지 않으면 안된다고 한다.[38]

　또 「마이어」(M.E.Mayer)는 공동정범은 고의를 전제로 한다. 무엇을 공동하여 행하느냐 하는 관념은 확실히 과실에 의한 협력과 결부하지만, 결과를 공동하여 이야기한다고 한다고 하는 부분적 행위를 포함하는 결의는 결코 그것과 결합되지 않는다고 한다.[39]

---

35) 김일수, 전게서, 858면.
36) Haft, S. 134, Lakner, § 25,26, S,14, Samson, LK.25, Rn 54, Stratenwerth, Rn. 1153(S. 306)
37) v. Liszt, Lehrbuch des Deutschen Strafrechts, 22. AufL, 1919, S. 212.
38) Meyer-Allfeld, Lehrbuch des Deutschen Strafrechts, 8. Aufl. 1922, S. 217 f.

212

「바우만(J.Baumann)」은 공동과실로 주사를 잘못 놓아 사망케 한 의사와 간호사는 지붕에서 거리로 재목을 던져 그곳을 통과하던 행인을 맞아 죽게 한 두명의 노동자와 마찬가지로 제 22조에 대한 공동정범으로서가 아니라 동시범으로 되는 것이라고 한다.[40]

또한 마찬가지로 「마우라흐」(Maurach)도 여러 사람들에 의하여 과실적 공동행위가 너무 중요시되고 있다. 연방최고재판소 판례집 4권 20면은[41] 교훈적인 예를 보여주고 있다고 하면서 과실공동정범을 부인하고 있다.[42]

「크라머」(Cramer)교수는 과실범의 분담(Tatbeitrag des Fahrlassigkeitstater)은 접적으로 결과에 대한 관계에서는 있을 수 있겠으나, (동시범) 거기에는 제47조의 결정적 요소, 즉 범죄의사의 공동(Gemeinsamkeit des Deliktsvorsatz)의 존재를 인정 할 수 없기 때문이라고 한다.[43]

「슈바르쯔-드레허」(Schwarz-Dreher)도 공동하여 행동하는 것이 아니라 시간적으로 같은 때에 사람을 죽였다면 각자는 독자적으로 고살(故殺)이 되는 것이며 통틀어서 공동정범이 되는 것이 아니다라고 하므로서 공동정범의 가능성을 부인하고 있다.[44]

「예색」(Jescheck)는 「공동정범의 한계는 공동의 범죄결의에 근거

---

39) M. E. Mayer, Der allgemsine Teil des Deutschen Strafrechts, 9. Aufl. 1915, S. 382

40) J. Baumann, Strafrecht, A. T. 5. Aufl 1964, S. 491

41) 만취한 운전사와 술을 많이 먹게하여 위험한 상태에 빠지게 한 후 손님을 자동차에 타고 가도록 방치한 여주인이 범한 과실치사 동시범 (Fahrlassige Totung in Nebentaterschaft)인 경우가 그것이다.

42) R. Maurach, Deutsche Strafrecht, AT. 3. Aufl. 1954, S. 550.

43) Schönke/ Schröder/ Cramer Kommentar zun StGB, 20. Aufl. 1980, Vor. § § 26ff, Rn 101, S. 373 f.

44) Schwarz Dreher, Strafgesetzbuch, 26. Aufl. 1954. S. 166.

하는 정범의 형태에서 문제가 된다」고 하므로써 공동의 범죄결의가 없는 과실행위에는 공동정범은 존재할 수 없다고 한다.[45]

「복켈만」(P. Bockelmann)의 견해에 따르면 과실범에 의한 공동정범은 제외되며,[46]「헤르츠베르크」(Herzeberg)에 의하면 「승계적 공동정범과 같이 과실의 공동정범이 논의된다. 그러나 이 같은 논쟁은 결코 하등의 실제적인 의미를 갖고 있지 않다.」고 한다.[47]

나아가 「괴셀」(Gössel)은 「과실정범」(Fahrlässiges Täterschaft)에 있어서는 동시적행위의 일정한 성질로부터 나오는 모든 정범형식이 없기 때문에 다수인에…… 의하여 과실범의 법익에 기여한 자는 단지 과실의 공동정범이 되고……이 경우에 소위 과실의 동시범은 과실의 단독정범과 실제적으로 전혀 구별되지 않는다」고 하여 Welzel이나 Maurach와 같이 과실의 공동정범을 부정하고 있다.[48]

이상과 같이 본 과실공동정범부정론의 요점을 살펴보면 과실범의 공동현상에 있어서는 구성요건적 결과를 공동으로 야기시키는 의사를 찾아볼 수 없고 구태여 과실범의 공동정범을 인정하더라도 실익이 없으므로 무리하게 과실범의 공동정범을 인정할 필요가 없다는 것이다. 특히 과실범의 공동정범의 공동현상을 동시범이론에 의하여 설명하는 견해가 있으며,[49]만일 과실동시범을 인정하면 공동정범은 생기지 않게 된다.[50]

---

45) H. H. Jescheck, Lehrbuch des Strafrechts, A. T. 3. Augl. 1979, S. 202.
46) P. Bocklmann, Strafrecht, A. T. 3. Augl. 1979, S. 202.
47) R. D. Herzberg, Täterschaft und Teilnahme, 1977, S. 72 f.
48) K. Gössel, Maurach- Gössel- Zipf, Strafrech, A. T. 1978, S. 105.
49) RGst 68, BGHst, Fincke. GA. 1975, 161.
50) Vgl, Jescheck, a. a. o, S. 553.

214

3. 판례의 태도

(1) 우리나라의 판례

〈판례1〉선상실화 사안으로 선원과 선장을 실화죄 기소한 사안에 관하여 선장의 실화책임을 부정하면서 과실공동정범을 부정하였다. (大判 1956. 12. 21 . 4289 형상 276)

〈판례2〉경찰관이 검문의 목적으로 트럭의 정차를 요구하자 그 트럭의 운전수가 그 옆에 타고 있던 하주의 지시에 따라 검문에 응하지 않고 그대로 질주한 사안에 대하여 「刑法제 30조에 〈공동하여 죄를 범한때〉의 〈죄〉는 고의범이냐 과실범이냐를 불문한다고 해석하여야 할 것이며 따라서 공동정범 주체적 요건인 공동의 의사로 고의를 공동으로 가질 의사임을 필요로 하지 않고 고의행위이고 과실행위이고 간에 그 행위를 공동으로 할 의사이면 족하다.」하고 행위공동설의 입장에서 과실의 공동정범을 인정하고 있다.(大判 1962. 3. 29. 1961 형상 598)[51]

〈판례3〉서울시내 국민학교에 아동용급식 크림빵을 공급하는 식품제조회사가 상한 크림방을 공급하여 국민학생들을 식중독 때문에 사상케한 사건에 대하여 「의사연결아래 그와 같은 과실로 범죄를 방생케 하였으므로 과실범의 공동정범이 성립한다.」고 판시하고 있다.(대판 1978. 9. 26. 78 도 2082)

〈판례4〉짚차 선탑자가 운전병을 주점으로 데리고 들어가서 각각 소주 2홉 이상을 마신다음 그 운전병으로 하여금 운전케 한 결과 교통사고를 일으킨 사안에 대하여 「형법 제30조에 공동하여 죄를 범한 때의 죄는 고의범이고 과실범이고를 불문한다고 할 것이고… 과실범의 공동정범이 성립한다.」고 판시하고 있다.(대판 1979. 8. 21. 78

---

51) 이에 관한 자세한 것은 졸고, 전게논문. 12면이하 참조

도 1249)

〈판례5〉철도의 건널목에서 열차가 후행하다가 자동차와 충돌하여 여러사람을 사상에 이르게 한 사건으로 그 열차의 부기관사가 정기관사와 함께 공소제기된 사안에 대하여 공동정범은 고의범이냐 과실범이냐를 불문하고 의사의 연락이 있는 경우는 이에 해당한다고 할 것인바 피고인은 열차의 부기관사로서 그 열차의 퇴행에 관하여 정기관사와 상론 동의하였고 사고 발생에 관하여 과실이 인정되므로 과실의 공동정범이 성립한다.」고 판시하였다.(대판 1962. 6. 8. 82도 781)

(2) 일본의 판례[52]

〈판례1〉2인의 업무상 공동과실로 인하여 사람을 사망에 이르게 한 경우는 공범규정의 적용이 없고 그 각각에 대하여 형법 제211조 (우리 형법 제 268조 업무상 과실치사상죄에 해당)을 적용하여 처단할 것이라고 판시하여 과실공동정범을 부정하였다.(조선고등법원 판결 대정 11.5.22)

〈판례2〉피고인 양인이 공동 경영하는 음식점에서 피고인이 양인의 공동과실로 인하여 법정제외량 이상의 메탄올이 함유된 음식물을 손님에게 판매한 사건에 관하여 피고인 양인의 의사연락하여 그 음식물을 판매하였다고 인정되는 경우에는 과실범의 공동정범이 성립한다고 판시하였다.(최고재판소 판결 소화 28.1.23)

〈판례3〉역조역 열차기관사, 열차 차장의 과실이 경합하여 열차충돌사고가 발생한 사안에 대하여 과실범의 공동정범을 인정하지 아니하고 단지 과실의 경합으로 인정하였다.(일최결소화 32.12.17)

---

52) 판례형법연구 4 (미수, 공범, 죄수) 소화56년 163~169면 참조

216

(3) 독일의 판례

〈판례1〉「항소인은 극장에 가서 외의를 벗어 의류보관소에 맡겼는데 그 외의 옆주머니에는 실탄이 장전되었으나 안전장치를 하지 않은 권총이 들어 있었으며, 정리계에서 근무하는 여인이 그 외의를 정리하려고 테이블 위에 놓았을 때 권총이 바닥에 떨어지게 되었던 바, 이때 옆에 있던 수위 k가 총을 집어서 실탄이 장진된 줄 모른 채 관리인 M의 가슴을 겨누고 격발시킴으로써 관리인 M이 즉사하였던 사건」에 대하여 모두 과실치사죄로 유죄판결을 내렸다.[53]

〈판례2〉 독일연방최고법원은 여인숙 주인이 그의 단골손님인 자동차운전사에게 술을 팔아 그 운전사로 하여금 만취케 항 후 그 운전사가 취중에 운전을 함으로써 사람은 치사케한 사안에 대하여 「다수인은 이러한 형법적 결과가…… 경우는 사람의 치사와 상해를 여러 가지 방법에 의하여 공동으로 야기할 수 있다. 그들은 상호 이해하에 행위 하였으나 각자의 내부적 입장에 따라 정범 혹은 공범이 된다. 그들은 결합하여 혹은 단독으로 결과를 야기시킨 원인으로 보이는 조건을 각자 독립하여 부여했기 때문에 동시범의 한 경우가 된다.」[54])고 하고 있다.

---

53) R. G. st. 34, 91 (1901. 1. 11 판결)
54) B. G. H. st, 4, 20(1953. 1.23 판결)

Ⅲ

1. 소결

생각건대 과실공동정범을 부정하는 것이 타당하다고 생각한다. 그리고 이를 부정하는 여러 학설 중 어느 것이 타당한가를 볼 때 앞서 본 바와 같이 그 어느 학설도 논리적으로 타당한 근거를 제시하지 못하고 있다. 따라서 필자는 과실공동정범에 관하여 이를 부정하되 그 이유를 보면 다음과 같다.

첫째, 공동정범의 주체적 요건은 공동행위의 의사(의사연락)인데, 공동과실범의 경우에는 의사연락이 없다. 그리고 행위자간에 의사연락이 없으면 공동정범이라 할 수 없다.

둘째, 과실공동정범을 인정하게 되면 공동정범으로 처벌하는 경우가 되어 공동정범으로 처벌하는 하는 범위가 넓게 되어서 피고인에게 불리하다.

셋째, 죄형법정주의원칙에 반하게 된다. 형법 제30조가 무엇을 공동으로 하는지 분명치 않은데 고의 이외의 과실까지 인정한다면「in dubio pro reo」라는 형사소송법의 대원칙을 망각하기 쉽다.

넷째, 고의범의 경우와는 달리 과실범의 경우에 공동의 범행 결의 대신 과실의 공동만으로 공동정범을 인정한다면 책임원칙과의 충돌은 불가피하고 법치국가적으로 허용될 수 없는 가벌성확장의 위험도 배제할 수 없다.[55]

다섯째, 과실범의 공동정범을 인정하면 과실에 의한 공동행위자 중에서 누구의 행위에 의해 과실적 결과가 발생한 것인지 불분명한

---

[55] 동지 : 김일수, 전게, 859면 : 이형국, 형법총론연구, 859면 이하.

218

경우에도 모두를 공동정범자로 처벌할 수 있는 실익이 있고 이를 인정하게 되면 종합적인 책임을 인정할 수 있는 실익이 있다고 설명하는 견해가 있으나, 수인의 과실행위로 인해서 범죄적 결과가 발생한 경우에 각자의 과실행위와 결과발생 사이에 원인관계가 존재하는 경우에 한하여 과실범으로 처벌되며 그 원인관계의 존부가 불분명한 경우에는 공동과실범이 성립하지 아니한다.

여섯째, 수인의 과실행위와 경합하여 범죄적 결과가 발생한 경우에는 수인의 과실행위자 사이에서 범죄의 공동행위에 관한 의사연결이 없다는 점등을 고려할 때 과실공동정범부인론이 타당하다고 본다.

일곱째, 이미 살펴본 독일의 판례는 과실공동정범을 부정하고 동시범으로 보는 기본태도를 실제적으로 증명해주는 증거라고 생각한다.

따라서 과실공동정범이란 용어는 사실 과실공동정범을 부정하는 입장에서는 사용해서는 안된다고 생각한다. 그것은 과실공동정범이 아니라 공동과실이 될 뿐이다.[56]

그리고 우리나라 대법원판례가 과실행위에 관한 의사연결을 과실범의 공동정범의 성립요건으로 요구하고 있으나 의문이다. 예컨대 A가 운전하는 자동차와 B가 운전하는 자동차가 순간적으로 충돌하여 승객이 부상한 경우에 A와 B사이에 의사연락이 있었다고 보기 어렵다. 따라서 이와 같은 이유에서 과실공동정범을 인정하는 우리 대법원의 판례는 1956. 12. 21. 4289 형상 276 이전의 부인하는 입장으로 시급히 되돌아가야 한다고 생각한다.

---

56) 同旨 : 백형구,「과실범의 공동정범」, 사법행정, 1988. 3월, 77면 이하.

2. 처벌론

결국 과실공동정범을 긍정하게 되면 과실범이 처벌되는 경우에 한하여 원인행위가 판명되지 아니하더라도 공범자 모두에 대하여 그 전체에 대한 책임을 지우게 된다.

그러나 과실공동정범을 부정하게 되면 단순히 동시범이 될 뿐이어서[57] ①결과발생의 원인된 행위가 판명된 경우에는 각자의 행위에 따라서 과실범 또는 고의범으로 처벌되고 ②결과발생의 원인된 행위가 판명되지 아니한 경우에는 형법 제19조에 의하여 모두를 미수로 처벌할 것이다. 그러나 과실범의 미수는 처벌되지 않으면 결국 불벌이다. 다만 과실상해행위만은 형법 제263조에 의하여 모두를 과실상해죄로 처벌한다.

그런데 만일 상해죄가 아닌 다른 범죄일 경우에는 어떻게 처리할 것인가? 처벌의 사각지대가 생기게 된다.[58]

따라서 이러한 처벌의 사각지대를 막기 위해서는(대량의 발생이 가능한 공해범죄 등과 같은 경우) 설령 처벌의사가 생기더라도 이를 감수하는 것이 법치국가적 형법 질서관에 합치된다고 주장하는 학자가 있으나[59] 이는 예외규정을 두거나 특별법규를 두어 처벌해야 할 것이다.[60] 쉽게 과실공동정범의 인정의 유혹에 빠져들어서는

---

57) Bindokat, JZ (1979), S. 434 ff.
58) 바로 이러한 문제가 있어서 과실범의 공동정범은 인정해야 한다는 견해가 있으나, 「공동과실범은 각자의 과실행위와 결과발생 사이에 인과관계의 존재가 인정되는 때에 성립한다. 그 인과관계의 존재가 불분명한 때에는 과실범이 성립하지 아니하므로 공동과실범에 관하여 공시범규정인 형법 제19조를 적용할 여지가 없다고 보는 견해가 있다.(백형구, 전게, 75면 이하)
59) 김일수, 전게서, 859~860면.
60) 같은 부정하는 입장에 서면서도 이 같은 처벌의 사각지대를 탈퇴하는

안 될 것이다.[61]

3. 관련문제

(1) 결과적가중범과 과실의 공동정범

과실범의 공동정범을 인정하는 입장에서 결과적가중범의 공동정범도 당연히 인정하나[62] 과실범의 공동정범을 부정하는 입장에서 보면 결과적가중범은 고의와 과실이 결합된 결합범이므로 고의범인 기본범죄에 대해서는 공동정범이 가능하지만 결과 구성요건에 대해서는 행위자 각자에게 과실이 있는 경우에 단지 과실의 동시범이 될 수 있을 뿐이다. 다만 기본범죄의 공동정범자중 중한 과실에 대하여 과실있는 자가 있다면 그 자에 한하여 결과적가중범이 성립한다.

(2) 고의범과 과실범의 공동정범

행위공동설의 입장에서는 이를 인정하지만 과실의 공동정범을 부정하는 이유가 이 경우에도 타당할 것이다.

× × × × × × × × × × ×

과실공동정범의 이론이란 글을 맺으면서 한마디 부언하고 싶은 것은 이 과실공동정범의 문제는 형법이론중 게이프혼이라고 말할 수 있으며 더욱 더 이에 관하여 좋은 의견을 발표하시고 동학제현의 깊은 관심을 바라는 바이다.

방법으로 공동과실론으로 이를 해결하려는 형법 학자가 있다(백형구, 전게, 75면 이하).

61) 독일의 다수설과는 달리 C. Roxin 이를 긍정하였다가 「정범과 행위지배」(Täterschaft und Tatherschaft) 제3판(1975) 이후부터는 이 부분을 아예 삭제해버린 점을 주목해야 한다.

62) 대판 1978. 1. 17, 도 2193.

· 저자 ·

이보영　·약　력·

단국대학교 법학과 졸업
단국대학교 대학원 수료(법학석사)
단국대학교 대학원 수료(법학박사)
호서대학교 법학과 교수
현 호서대학교 사회대학장, 법학과 교수
　사법시험, 행정고시, 7,9급 공무원 시험위원 역임

·주요논저·

「형사절차상 범죄피해자 및 증인보호방안」
「컴퓨터범죄에 대한 형법적 대책」
「사형제도의 존폐와 대체방안」
『형법연습(객관식)』
『주관식형사소송법』
『형사문제의 생활법률』
외 다수

過失共同正犯의 理論에 관한 研究

· 초판 인쇄	2007년 10월 12일
· 초판 발행	2007년 10월 12일
· 지 은 이	이보영
· 펴 낸 이	채종준
· 펴 낸 곳	한국학술정보㈜
	경기도 파주시 교하읍 문발리 526-2
	파주출판문화정보산업단지
	전화　031) 908-3181(대표) · 팩스　031) 908-3189
	홈페이지　http://www.kstudy.com
	e-mail(출판사업부)　publish@kstudy.com
· 등　　록	제일산-115호(2000. 6. 19)
· 가　　격	14,000원

ISBN　978-89-534-7641-7 93360 (Paper Book)
　　　　978-89-534-7642-4 98360 (e-Book)